TK생 지명관
"아시아로부터의 통신"

지명관 선생 1주기 기념 추모 문집
TK생 지명관 "아시아로부터의 통신"

2023년 1월 1일 처음 펴냄

지은이   안재웅 오카모토 아츠시 이삼열 오카타 히토시 외 42인
편 / 역   서정민
펴낸이   김영호
펴낸곳   도서출판 동연
등 록   제1-1383호(1992. 6. 12.)
주 소   (03962) 서울시 마포구 월드컵로 163-3
전 화   (02)335-2630 전 송 (02)335-2640
이메일   yh4321@gmail.com

ISBN 978-89-6447-860-8 03040

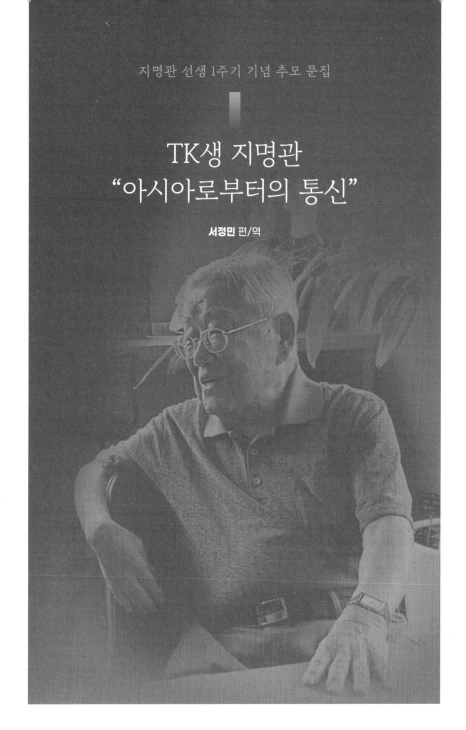

지명관 선생 1주기 기념 추모 문집

TK생 지명관
"아시아로부터의 통신"

서정민 편/역

동연

일러두기

1. 이 책은 지명관 선생을 추모하는 한국인 필자들의 글과 일본에서 만든 비매품 도서 『池明観先生追悼文集』을 번역(번역자 서정민)하여 함께 수록하였다.

2. 『池明観先生追悼文集』은 2022년 5월 14일 도쿄 도미사카그리스도교센터에서 열린 "지명관 추도 (온라인) 모임"이 모체가 되었다.

3. 'T·K生'이 원래적인 일본어 표기이나 이 책에서는 'TK생'으로 표기하였다.

2019년 여름 경기도 남양주, 소박하고 청빈한 지명관 선생 처소

지명관 선생과 처조카 허정환 씨

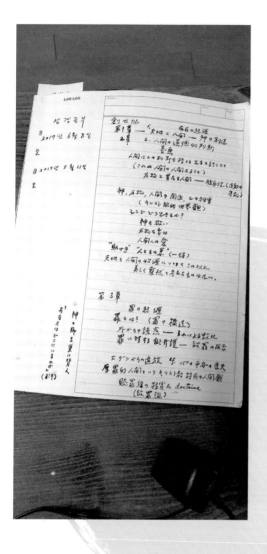

거처에서 성경공부 중인 흔적

이 사진들은 모두 허정환 씨가 제공한 것이다.

東アジア平和フォーラム2006
「私たちは、東アジア人になれるか。」
우리들은 '동아시아인'이 될수있는가
●主催：「韓国平和フォーラム」、「東アジア平和フォーラム2006日本委員会」
●後援：岩波書店、庭野平和財団、東亜日報社、韓国国際交流財団　●協力：ピースボート
2006年 10月 8~9日

제3회 동아시아 평화포럼 '2050년의 동아시아: 국가주의를 넘어서'
第3回 東亞和平論坛 '2050年的东亚: 国家主义的克服'
第3回東アジア平和フォーラム '2050年の東アジアー国家主義を超えて'

젊은 날의 'TK생' 지명관 선생과 강정숙 여사 그리고 그의 아들 영인 군(출처: 오재식 저, 『나에게 꽃으로 다가오는 현장』, 대한기독교서회, 2012)

2011년 9월 13일, 지명관, 오재식, 이기호 부부동반 모임

1992년 6월 서울에서 열린 크리스챤아카데미 주최 심포지엄에서 자리를 나란히 한 김대중 대통령후보와 지명관 선생

한국그리스도인선언 영어판,
Christianity and Crisis 수록

한국그리스도인선언 한국어판
(인쇄 형식)

2012년 5월 도쿄 시나노마치교회 강연회 포스터

8쪽부터 15쪽에 실은 사진은 아래 분들이 제공하였다. 편의상 사진마다 출처를 밝히지 않았다. 사진을 제공하신 분들께 감사드린다.

김흥수 교수, 서정민 교수, 故 오재식 선생, 이기호 교수, 한국기독교역사연구소

이 사진은 2022년 5월 14일 도쿄 도미사카그리스도교센터에서 열린 "지명관 추모 온라인 모임"에서 캡쳐(서정민 교수 제공)하였다.

머 리 말

지명관 선생님께서 우리 곁을 멀리 떠나신 지도 벌써 1년이 되었습니다. 마음속의 스승과 이별하는 일, 더구나 저 자신에게는 한국과 일본을 함께 살아가는 삶과 학문 그리고 신앙의 원형으로서 선생님의 존재는 대단히 큰 것이었기에 그 아픔은 더하였습니다.

선생님이 먼 길을 떠나신 이후 날이 갈수록 그와 같은 생각이 점점 깊어지고, 선생님을 이 땅에서 다시 뵐 수 없다는 사실이 여전히 가슴을 에도록 아프게 합니다. 지난해 1월 1일 일본으로 날아온 선생님의 부음 소식을 접하고, 황망한 슬픔 중에 편자가 개인적으로 '페이스북'과 '블로그'에 올린 몇 소절의 심정을 여기에 옮기는 것으로, 사사로운 기록이 아닐 수 없지만, 우선 편자 자신과 선생님과의 첫 만남 그리고 선생님을 그리워하는 마음을 다시 되뇌어 두고 싶습니다.

오늘 선생님을 보냈다. 오후 내내 나의 정서는 정상이 아니다. "그만큼 사셨으면 호상이다" 하실 친구도 있으리라. 그러나 나는 부모를 보낸 자식에게 문상을 가서 "호상이네" 하는 것은 큰 결례라고 생각한다. 백수를 넘겨도 부모를 보낸 자식의 마음은 결코 그렇지가 않다. 나는 또 오늘 그 마음을 실감한다.

1989년 12월 말이다. 내가 지명관 선생을 처음 뵌 때이다. 물론 그 이전에도 선생님의 글을 많이 읽었고, 특히 주간으로 활동하신 「사상계」는 거의 섭렵하다시피 한 나이다.

이미 글로, 그 실천적 삶으로 나의 선생님이던 지 선생을 처음 도쿄 도미사카(富坂)그리스도교센터에서 뵈었다. 당시 나는 교토 도시샤(同志社)대학의 도히 아키오(土肥昭夫) 선생의 제자로 유학 생활을 시작한 무렵이다. 나와 함께 지 선생을 만난 이는 구라타 마사히코(蔵田雅彦) 선배이다. 잠시 한국 집에 다녀오기 전 도쿄에 들렀다. 사실 그 이듬해 2월에 준비 중인 한일 관계의 파이오니어 고 사와 마사히코(澤正彦)를 추모하는 국제 컨퍼런스를 준비하는 양국 대표자로서 준비 회의의 성격이었다.

선생님을 원래부터 존경하고, 내가 일본에 오게 된 원초적 계기의 자극이 된 인물을 실제 만나면서 나는 설레는 마음을 감출 수 없었다. 나름 정중하게 인사를 드리고, 앞으로의 지도를 공손히 부탁드렸다. 선생님은 인간에 대한 깊은 이해와 사랑이 가득한 반면, 내가 만난 그 시대 선생님 중에 가장 유쾌한 유머와 경쾌한 사교성의 전형이었다.

"자, 도히 아키오의 제자라니, 내가 학문적으로 도울 일은 별로 없을 것 같고…. 그런데 서정민 엄청 잘 생겼네…. 보통 이런 관상이면, 공부 절대 못 하지…. 나는 얼굴에 늘 콤플렉스가 있는데, 서정민 엄청 미남이야…. 그런데 클러치 짚고 사는구먼, 고생 많지, 큰 브레이크야. 그렇지만 사실 좋은 브레이크는 인생에서 대단히 중요하고, 멋진 앵커가 되기도 하지…. 서정민 클러치는 공부하고, 학자 될 앵커 역할을 할 것 같아. 하하하, 오해는 하지 마. 장애인 잘 되었어. 공부 제대로 하겠다는 의미야…. 고생스럽겠지만, 좋은 쪽으로 생각해. 당신 클러치는 당신 크레딧이야…."

그 후 여러 번 뵙고, 나는 유학 후 귀국했다. 여러 과정을 거쳐 모교 연세대학교 교수가 되었다. 선생님의 전화 한 통을 받았다.

"연대 교수 축하해. 내 말이 맞았지? 당신 클러치, 휠체어는 당신을 학문 세계에 고정시키는 앵커야…."

그리고 일본으로 대학을 옮긴 후 내가 우리 대학에 선생님을 초청한 강연회 이후 파티에서 선생님의 유머는 또 작동했다.

"내가 서정민에게 앵커, 앵커, 자주 말했지? 그런데 말이야, 큰 배가 대항해 후 새 항구에 정박하면, 새 항구에 깊이, 앵커를 다시 내리꽂는 거야. 앵커, 우리말로 닻이지, 깊이 꽂도록 해. 이 사람아…."

선생님 가신 날, 나에게 해주신 사사로운 말씀이 새록새록 가슴에 가득하다.

_ 2022년 1월 1일 선생님 떠나신 날 편/역자의 SNS 글 중

이 추모 문집의 기획은 지난해 5월 14일 도쿄의 도미사카그리스도교센터가 주최한 지명관 선생님 추모 모임으로부터 시작된 일입니다. 이모임은 선생님의 20여 년 일본에서의 활동을 기억하고, 그리워하는 일본의 동지, 후학, 제자들이 중심이 되어 마련한 모임이었습니다. 도미사카그리스도교센터 현장의 모임과 함께 일본의 몇몇 지역 그리고 한국까지 온라인으로 연결된 추모 모임이었습니다. 필자도 추모의 말씀 순서에 초대를 받아 일시 체류 중인 서울에서 온라인으로 제 마음속의 말씀을 전하였습니다.

이 모임 전후에 도미사카그리스도교센터와 지명관 선생님의 추모 모임을 준비한 위원회는 모임에서 추모의 말씀을 전한 이들의 원고 그리고 일본에서 선생님을 추억하며 그리워하는 이들의 원고를 널리 공개적으로 모아 작은 추모 문집을 만들기로 기획한 것입니다. 일본의 추모 문집은 정식으로 출판하는 책은 아니지만, 원고를 편집·정리한 이후 인터넷 열람이 가능하게 하고, 비매품 소책자로 만들어 유족과 가까운 친구들에게 공람하는 정도의 기획입니다.

그런데 이 모임에 온라인으로 참석한, 한국에서 지 선생님을 추모하고 그리워하는 이들 중 특히 출판인인 도서출판 동연의 김영호 대표는 이 글들을 모아 한국어로도 편집·출판하고 싶다는 의지를 밝히기에 이르렀습니다. 무엇보다 일본에서 선생님을 기억하고 아름다운 추억을 지닌 분들, 그들과 선생님 사이에서 일어난 긍정적 한일 관계의 씨앗이 되는 말씀들을 많은 한국인도 한국어로 읽을 수 있게 하였으면 하는 뜻이었습니다.

마침내 도서출판 동연 김영호 대표는 편자에게 일본에서 공람되는 추모 문집의 원고를 한국어로 번역하는 일과 이 책의 전체적인 편집 책임을 정식으로 의뢰하였고, 이를 위해 5월 추모 모임을 주관하고, 추모 문집의 진행까지 맡은 도미사카그리스도교센터 그리고 고(故) 지명관 선생 추모 모임을 중심적으로 주도한 위원회와의 교섭까지 맡기기에 이르렀습니다. 물론 그 이후 기획을 조금 확장하여 일본 필자들의 원고에 더하여 몇몇 분들, 한국에서 지명관 선생님을 추억하는 이들 중 집필이 가능한 원고도 포함하자는 기획이 되었습니다.

무엇보다 이 일을 크게 기뻐하며 전적으로 지원해 주신 일본의 도미사카그리스도교센터와 추모 모임 준비를 위한 위원회에 깊은 감사를 드립니다. 그리고 선생님과의 만남과 추억을 주옥같은 내용으로 한 편 한 편 써주신 일본의 여러 필자와 일부 한국의 필자들에게도 큰 고마움을 전합니다. 또한 이 일의 실무적 교섭과 여러 편의를 끝까지 기쁘게 나서서 협력해 주신 도미사카그리스도교센터의 총주사 오카다 히토시(岡田仁) 선생에게는 특별한 감사를 더불어 전하고자 합니다.

지명관 선생님의 학자로서의 연구 업적에 대한 저술의 총정리나 선생님의 활동, 즉 한일 관계와 한국민주화운동 공헌에 대한 학술적 연구와 평가 등은 후일을 기약하더라도 우선은 선생님과 남은 이들이 이별한 후 선생님을 회상하고 그리워하는 마음을 선생님 1주기에 맞추어 책으로 펴내어 함께 읽고자 하는 뜻을 여기에 모은 것입니다. 이 일의 처음과 끝을 함께해 준 도서출판 동연 김영호 대표에게 다시 한번 고마운 마음을 드립니다.

2023년 1월
메이지가쿠인대학 연구안식년 중 서울에서
편/역자 서정민 씀

| 차 례 |

화보로 보는 지명관 선생의 삶   5

머리말   17

1부_ 선생과의 추억

안재웅 | 지명관 선생   27

오카모토 아츠시 | 지명관 선생님을 기리며   31

최종고 | 회상의 지명관 선생님   36

세키다 히로오 | 지명관 선생님의 '침묵'   48

이삼열 | 지명관 선생님을 추모하며   52

오카다 히토시 | 동북아에서 기독교회의 사명   58

이만열 | 지명관 선생을 추모하며   61

     ― 민주화와 통일, 세계 평화를 위해 지성인의 사회 참여를 강조하다

고토 마사코 | 한일여성연대의 문을 연 '작은 승리'   69

이기호 | 지명관(池明觀) 선생님을 추모하며   73

다카사토 스즈요 | 오키나와의 지명관 선생   80

이부영 | 일본 망명을 결행하신 지명관 선생님을 추모하며   83

이즈카 타쿠야 | 그저 죄송하다는 말과 감사의 마음뿐   86

김성재 | 존경하는 참다운 지성인 지명관 선생에 대한 회상과 추모   89

츠지 미노루 | 슈나이스 부부의 공헌을 생각하며   101

신광영 | 한국과 일본을 넘어서   104

마에지마 무네도시 | 남북정상회담의 날에   109

서정민 | '한일'을 살아가는 내 삶의 모형이신 선생님   112

오다가와 코우 | '제국'의 바위를 뚫는 싸움   117

     ― 한일 시민연대에 미래를 맡기다

2부_ 선생을 기리며

<추모 설교> 카이노 노부오 | 저 멀리 희망을 바라보며   123

김경(金耕) | 지명관 선생님은 그렇게 떠나가셨다   128

야마구치 마리코 | 'TK생'과의 6년 반   136

이종구 | 시대적 과제에 충실했던 지식인   140

오쿠라 야요이 | 도대체 왜 식민지가 되었는가라는 관점   145

김홍수 | 지명관 선생님과 「기독교사상」   148

후지타 히데히코 | 통곡하신 지 선생님   155

양재섭 | 1970년, 그해 여름은 뜨거웠을까?   159

니시무라 미키코 | 영혼을 흔드는 수업   168

박광수 | 다음 역사의 창조에 계속 도전한 평생   170

카지 미노리 | 잊을 수 없는 따뜻한 시간   173

이청일 | 교회에 던져진 질문   176

츠부라야 야요이 | 30년 만의 재회 후   179

김성제 | 신뢰를 회복하는 경계인으로 '재일 교포'라는 존재   182

쿠라하시 요코 | 1970년대 독서회   186

영혜 서 휘트니 | 한국 민주화 연구를 통한 만남   189

쿠라모치 카즈오 | '교회' 속의 '교회'   192

김승복 | 마치 '지도 교수'처럼 간절히   195

야마모토 토시마사 | '경계선을 넘는 여행'의 끝을 아쉬워하며   199

최선애 | 아버지의 가장 친한 친구   202

요시모토 유키오 | 실낱같이 작은 자에게   205

쿠마모토 신이치 | '살아남는 자의 책임' 공유하기에 앞서   213

나나세 아유코 | 한국 아빠   216

후루카와 미카 | 지 선생님의 '웃음'   219

기타노 류이치 | '추모 모임' 소회   222

후루타 세츠코 | 선생님을 통해 '한국'을 만나   225

하구치 요코 | 권해주신 세 권의 책   228

<추모사> (사)기독교민주화운동재단 회원 일동   231

〈지명관 선생 연보〉   234

1부

선생과의 추억

지명관 선생

(한국YMCA전국연맹 유지재단 이사장)

지명관 선생의 부음을 접하고 서울대학병원 장례식장을 찾아 조문하였습니다. 사모님은 도쿄에서 방금 도착한 장남 부부와 함께 조문객을 맞이하였습니다. 온화한 웃음을 띤 선생님의 영정을 보면서 마지막 인사를 드렸습니다. 그리고 나서 강대인 대화문화아카데미 원장을 빈소에서 만나 장례에 관련한 의논을 하였습니다.

지 선생은 1924년 평안북도 정주에서 태어나 김일성대학 제1회로 입학하여 다니다가 1947년 월남하여 서울대학교에서 종교학을 전공하셨습니다. 북조선의 공산 체제를 거부하고 남한의 민주 체제를 선택하였습니다. '자유' 때문이었습니다. 자유를 억압하는 이념이나 사상 그리고 체제나 제도를 과감하게 거부하고, 자유가 보장된 남한의 민주주의를 선택한 것입니다.

지 선생은 민주주의를 앞세워 자유를 억압하는 이승만 정권과 박정희 체제에 저항하였습니다. 당대의 지식인들이 비판적인 논설을 펼치던

「사상계」의 주필로 자유 수호의 기수가 되었습니다. 하지만 자유를 통제하는 권모술수가 교묘하게 작동하는 현실을 보면서 자유를 찾아 미국 유학을 떠났습니다. 뉴욕 유니언신학대학원은 자유로운 학풍으로 이름난 곳입니다. 여기서 라인홀드 니버(Reinhold Niebuhr) 교수로부터 많은 것을 배우고, 학문의 자유와 종교의 자유에 깊은 관심과 연구에 몰두하였습니다.

유학을 마치고 귀국한 후 대학에서 학생들을 가르치며 칼럼 등을 통해 자유의 가치를 확대하는 일에 전념하였습니다. 저는 한국기독학생회 총연맹(KSCF)의 간사로 일하면서 여름 대회, 겨울 대회 및 각종 세미나 등에 지 선생을 강사로 초빙하였습니다. 지 선생께서는 종교의 자유, 학문의 자유, 사상의 자유, 집회의 자유 등을 조목조목 설명해 주었습니다. 많은 참가자에게 큰 감동을 안겨 주었습니다.

1971년 니버 교수가 타계하였을 때 KSCF와 한국기독자교수협의회가 공동으로 추모회를 주관하였습니다. 지명관 교수, 현영학 교수, 정하은 교수, 안치순 교수, 최종고 서울대 법대 대학원생(서울대 명예 교수) 등이 니버 교수의 생애와 사상을 조명하였습니다. 지 선생은 니버의 저서 가운데『도덕적 인간과 비도덕적 사회』를 집중적으로 말씀해 주었습니다. 이 책은 이성 중심적 낙관주의에 정면으로 도전한 저작이라는 사실을 강연 도입 부분에서 말씀하였습니다. 개인이 도덕적 · 이타적이더라도 그들이 모인 사회는 구조적으로 비도덕적 · 이기적으로 타락한다는 사실을 설명해 주었습니다. 이성의 시대가 올 것이란 헛된 망상에서 벗어나야 할 것도 지적해 주었습니다. 니버는 "공동체는 정의와 사랑의 장소며, 역사는 진기한 창조물로 가득하다"라는 통념을 거부하였습니다. 비도덕적인 사람이 많아 세상이 어지럽고 이들을 교육하면 도덕적 사회가 올 것이란 생각은 환상이라는 점도 지적해 주었습니다. 집단의 이기심은 공권력이나 다른 집단의 이기심에 의해서만 견제가 가능하다며 현대적 낙관주의는 사회적 · 도덕적 진보에 대한 순진한 믿음일 뿐이라고 평가절하한 사실도 알려주었습니다. 이성보다는 충동이 근본적 우위를 점하고 있고, 특히 집단 속 인간은 충동에 훨씬 강하게 의존한다는 점을 설명해 주었습니다. 감동적인 강연이었습니다.

저는 1970년대를 KSCF 간사와 총무로 일했습니다. 지 선생이 1972년 도쿄로 떠난 후 한국에서는 반유신체제가 본격적으로 일어났습니다. 나는 학생 기독교 운동의 한 축을 책임지고 민주화운동에 투신하였습니다. 특히 대학가에서 만들어 낸 성명서, 전단, 슬로건 등을 전국으로부터 모아 보관하였다가 일본으로 보냈습니다. KSCF 사무실의 소재는 종로5가 한국기독교회관 안에 있습니다. 동숭동에 위치한 서울대 문리대와 법대와는 불과 20여 분 거리라서 수시로 일어나는 학내 시위의 유인물을 쉽게 모을 수 있었습니다.

도쿄에는 아시아기독교협의회 도시농촌선교국(CCA-URM)의 오재식 선생이 활약하고 있었습니다. 오 선생은 여러 경로를 통해 한국을 방문하는 인사들에게 한국으로부터 자료를 모아 세계 에큐메니컬 네트워크에 나누어주었습니다. 오 선생은 이 자료를 제네바의 박상증 목사, 뉴욕의 손명걸 목사, 토론토의 이상철 목사, 독일 뒤스부르크의 장성환 목사와 여러 국제 에큐메니컬 기구 등에 배포하였습니다. 물론 지명관 선생께서 「세까이」(世界) 잡지에 기고했던 "한국으로부터의 통신"에 우선적으로 제공하였습니다. 「세까이」 연재에 필요한 자료 제공의 일등 공신은 폴 슈나이스(Paul Schneiss) 목사입니다. 그는 일본에 상주하면서 한국을 수시로 방문하여 시국 사건의 재판을 방청하고, 자료를 모으고, 구속자 가족들과 변호인을 만나고, 기독교계 인사들은 물론 해직 기자 및 자유실천문인협의회 작가 등과 면담하면서 여러 정황을 종합적으로 파악하였습니다. 이런 노력의 결실은 「세까이」에 연재하던 'TK생'에게 고스란히 전달되었습니다.

한국에서 자료를 모아 도쿄로 보낸 기독교 기구들은 한국기독교교회협의회(NCCK) 인권위원회(이경배, 김경희, 윤수경), 한국교회여성연합회(이우정), 한국기독교장로회 여신도회전국연합회(김윤옥, 나선정, 김경희, 이문우), 구속자가족협의회(김한림) 그리고 KSCF(안재웅, 정상복) 등을 꼽을 수 있습니다.

참 언론인 송건호 선생은 한국 민주화운동을 이끌었던 존경받는 인물입니다. 그는 한국기독교회관을 방문할 때마다 나의 사무실에 들러 이런저런 말씀을 나누면서 「세까이」의 "한국으로부터의 통신"을 읽다 보면 마치 종로5가 기독교회관 강당에 앉아있는 기분이 들 만큼 생동감이 넘친다는 말씀을 종종 하였습니다.

지명관 선생은 15년간 무려 원고지 2만 장에 달하는 분량을 연재했음에도 필명이 밝혀지지 않는 신비스러운 인물이 되었습니다. 마치 007작전을 보는 것 같은 용의주도한 「세까이」 편집자들의 용기와 노고에 경의를 표합니다. 지 선생께서는 「세까이」의 'TK생'으로 역사에 길이 남을 자랑스러운 한국인입니다.

지명관 선생님을 기리며

오카모토 아츠시
(이와나미서점 전 대표이사 사장)

저는 이와나미서점의 잡지 「세계」(せかい)의 편집자로서, 당시 상사였던 야스에 료스케 씨와 그 평생의 동지였던 지명관 선생님 두 분을 가까이서 뵈며 깊은 경의를 지녀 왔습니다. 그 40년에 걸친 교류에 대해서는 벌써 「세계」 3월호에 썼습니다만, 그동안 지 선생님을 잘 알고 있다고 생각한 저에게도 전혀 몰랐던 선생님의 모습을 새롭게 발견하기도 했습니다. 예를 들어 『권 선생』이라는 한국의 문학을 일본에 소개하는 출판사의 대표가 선생님과의 교류를 같은 호의 「세계」에 게재하였고, 그다음 호 「세계」에는 연극의 히라타 오리자 씨가 역시 선생님께 신세를 졌다고 기록했는데, 다시 한번 선생님의 그 넓은 활동의 폭에 놀랄 수밖에 없었습니다.

그리고 오늘도 이삼열 선생님의 이야기에서 1998년 한일 파트너십 선언에 지 선생님이 큰 역할을 하였다는 것을 처음 알았습니다. 생각해보면 김대중 정부하의 일이며, 선생님의 당시 역할로 볼 때 당연한 일이었습니다만, 미처 생각하지 못했습니다. 지난 몇 년간 한일 관계의 악화

속에서 자주 인용되어 바로 그 원점으로 돌아가야 한다고 일본에서도 한국에서도 되뇌던 것이 이 '한일 파트너십 선언'입니다. (선생님의 입장과는 아마도 반대편에 있다고도 볼 수 있는) 보수의 윤석열 새 대통령마저도 여기로 돌아가야 한다는 입장이라고 전해지고 있는데, 새삼스럽게 선생님께서 한일 관계에서 해온 역할의 크기, 그 깊이에 다시 한번 감개무량할 따름입니다.

1980년대 한국에서 격렬한 민주화 투쟁이 진행되고 있을 때, 그 어려운 상황 속에서 가까이 접한 선생님의 표정을 생각합니다. 우리 앞에서 선생님은 온화한 미소를 지으며 이야기하는 경우가 많았지만, 때로는 엄격한 표정으로 또 날카로운 눈빛으로 깊이 사생하고 있었던 적도 있었습니다. 그리고 하시는 말씀은 항상 열정이 담긴 영혼의 말이며, 역동적인 분석이자 전략이었습니다. 정말 진정으로 '싸우는 사람'의 모습을 저는 거기서 보았습니다. 바로 그때의 선생님은 (한국의 민중운동과 함께) 싸우고 있는 '투사'이며 '혁명가'였습니다.

자신의 정체를 밝히지 않고 "한국으로부터의 통신"을 매월 계속 쓰기 위해 어떤 노력을 기울였는지, 얼마나 주의 깊게 살고 또 주위의 사람들이나 관계자들을 또한 얼마나 배려하면서 그 어려운 시절을 견디셨을까, 얼마나 마음이 아프고 고통이 크셨을까, 바로 옆의 사람도 모르게 도모할 수밖에 없는, 아마 우리들의 상상을 초월하는 일이었을 것입니다.

민주화운동이 승리한 뒤 저는 한국을 가끔 방문해 선생님의 동지들, 민주화의 '투사들'(저는 굳이 이를 'TK生 그룹'이라고 합니다만)을 눈여겨보았습니다. 그분들 모두 인간적이고, 부드럽고, 상냥한 인품에 유머와 웃음으로 가득한 분들이었습니다. 그것은 저의 '투사'나 '혁명가'의 이미지를 완전히 바꾸어 버렸습니다. 매력 넘치는 그러나 평범한 우리와 같은 사람들이었습니다.

권력이 그렇게 부당하고 일말의 인간성도 잃은 채 폭압의 극한을 보였을지라도 그것과 싸우는 편은 지고한 인간다움을 잃지 말아야 한다, 친절, 신뢰, 타인에 대한 존경 등 그런 것들을 잃어버리면 싸울 의미가 없다, 그와 같은 것을 저는 'TK生 그룹'의 사람들로부터 깊이 배웠다고 생각합니다.

선생님이 한국으로 돌아온 뒤 클린턴 정권 시절 북한과 미국이 위험한 전쟁 직전 상황이 되었을 때가 있었습니다. 이른바 1차 핵 위기입니다. 그때 미국의 카터 전 대통령이 특사로 북한으로 가서 김일성 주석과 협의하여 전쟁을 막았다는 것은 잘 알려져 있습니다. 그리고 카터 씨를 보내는 데 큰 역할을 한 것이 한국의 TK生 그룹, 국제적인 기독교 네트워크 였다고 들었습니다. 그 오래전 카터 씨는 북한으로부터 초대장을 받은 적이 있는데, 그것이 아직 유효한가를 북에 확인한 다음 카터 씨에게 방북을 요청한 것입니다. 말할 필요도 없이 카터는 열정적인 기독교인입니다. 레이니 씨 등도 역할을 했을 것입니다. 누가 어떤 역할을 했는지 또 지 선생님의 역할도 어떤 것이었는지 상세하게는 모르지만, 평화를 '글로벌' 하게 구상하고 국제적 네트워크를 활용해 그것을 옳다고 여기는 사람들이 함께 도모하여 그러한 결과를 가져온 것은 분명합니다. 바로 이러한 것이 한국 민주화운동의 저력이었던 것이 아닐까요. 이것이야말로 실천적인 평화운동입니다. 이는 지 선생님이 아니라, 야스에 씨로부터 들은 기억이 있는데, 그때 주어는 '민주화 세력'이라든가 '민주화운동'이 라는 주어였다고 생각합니다. 그 네트워크의 중심에는 지 선생님이 계셨을 것입니다.

지 선생님이 서거하신 후 선생님으로부터 받은 많은 책을 다시 펴고,

제가 여러 가지에 대해 잘 알지 못했거나 이해하지 못했다는 것을 새삼 깨달았습니다. 선생님과 저의 연령 차이는 30세. 부모와 자식 정도의 관계입니다. 선생님의 생각이나 사상에 대해 너무 이해가 부족했던 것은 아닐까 요즘 다시 생각합니다. 선생님은 이렇게 썼습니다.

"우리에게는 하나님의 심판이 있다. 역사는 바뀐다. 혁명은 가능하다고 믿고, '정의가 살아 숨 쉬는 새로운 천지'에 대한 희망을 품고 살아가지 않으면 안 된다. 이 꿈을 잃고 무관심에 빠지거나 냉소적으로 되어서는 안 된다. 그것은 인간의 상실이고 그것이 '멸망'이다."

오늘 이기호 선생님의 말씀 속에 "소명의식"이라는 말이 있었습니다만, 바로 이것을 가리키고 있다고 생각합니다. 기독교 믿음이 없는 저에게 선생님은 그렇게 자주 기독교에 관한 이야기는 하지 않았습니다만, 선생님의 흔들림 없는 기반은 여기에 있다고 생각했습니다.

어려운 현실을 바라보면서 이상을 잃어서는 안 됩니다(환상이라는 표현을 쓰셨지만). 이 시대에 뜻을 함께하는 사람들과 함께 꿈을 추구하고 살아야 한다는 것입니다. 무관심에 빠지거나 '시니시즘'이 되는 것은 인간성의 상실입니다.

선생님이 투쟁하시며 살았던 시대와 현재는 다릅니다. 상황도 다르고, 사람들의 의식도 바뀌고 있습니다. 그러나 선생님의 시대를 사는 자세는 지금도, 아니 지금이기 때문에 계승해야 하는 것이 아닐까요. 남겨진 선생님의 말씀을 배우면서 여기에 모인 분들과 함께 선생님의 뜻, 자유 · 정의 · 평화 그리고 한일의 진정한 화해와 우호를 계승해 나가는 것을 다짐하고 싶습니다.

선생님께 진심으로 감사드립니다. 선생님께서 지내셨던 격동의 생애를 돌이켜 보니 이제는 조용히 편히 쉬시기를 바랍니다.

회상의 지명관 선생님

최종고(崔鍾庫)
(서울대 법대 명예교수)

I

금년 정월 초하루 존경하는 지명관 선생님의 부음을 듣고 무엇보다 모교인 서울대학교 지성사에 중요한 동문으로서 자리매김해야 한다는 생각을 했습니다. 마침 일본에서는 추모회를 개최한다는 소식도 들리고, 거기에 철학과 졸업생인 이삼열 교수께서 한국을 대표하여 추모사를 하신다는 소식도 들었습니다. 그 후 원고도 보내주셔서 참고하여 「서울대학교 명예교수 회보」에 '서울대 두 지성의 초상: 지명관과 조가경'이란 비교적 긴 글을 썼습니다. 그런데 그 회보는 내년 4월이나 되어야 나옵니다.

그런데 며칠 전 이삼열 박사께서 한국에서도 추모 문집이 이미 편집 단계에 들어간다고 하셨습니다. 저는 급히 위의 글을 다시 읽어보니 기본적으로 지명관과 조가경을 현실 참여의 지성과 세계적 학문 활동의 지성인으로 잘 모르는 서울대 선후배들, 특히 명예교수들에게 각인시키려고 쓴 글임을 새삼 느끼게 되었습니다. 이렇게 급히 추모 문집에 맞추어

필자(右)가 평촌에서 지명관 선생(左)께 「서울대 대
학원동창회보」를 전하며(2012)

따로 글을 쓸 시간적 여유도 없어 위의 글 중 지명관 선생님에 관한
부분만 그대로 살리고 뒷부분에 몇 마디를 덧붙일 수밖에 없었습니다.
그러다 보니 선생님의 생애를 아는 분들에게는 내용이 중복되는 것은
아닌가 하는 우려도 있습니다. 그렇지만 사실로서의 인생도 기록으로
되어야 역사에 남는다는 생각에서 그대로 둡니다. 이런 경위로 쓴 객관적
(?) 글에 저의 개인적 체험을 추가로 적으려니 글의 아귀가 안 맞는
것 같은 기분이 듭니다. 그렇지만 선생님을 존경하고 기록하려는 마음에
그것이 문제는 아니라 믿습니다(이하 존칭 생략).

II

선생님은 1924년 10월 11일 압록강이 가까운 평북 정주읍에서 태어나셨습니다. 정주는 이광수, 김소월 등 문사들이 태어났고, 오산학교로 인해 이승훈, 함석헌 등이 살던 곳입니다. 농부인 아버지가 정미 공장 벨트에 감겨 늑막염으로 돌아가신 후 홀어머니와 가난하게 자랐습니다. 정미소 주인에 대한 미움과 '원수도 사랑하라'는 성경 말씀에서 평생 헤어 나오지 못한 신앙생활의 이율배반의 시초라고 자서전『경계를 넘는 여행자』(2006)에 적었습니다. 1931년에 정주보통학교에 입학하여 6년간 정품인(鄭稟仁) 선생을 담임으로 배웠고, 1933년에는 교회에 춘원 이광수가 와서 강연을 하였는데 언변이 좋지 못하고 땀을 뻘뻘 흘리는 모습을 보았습니다. "그렇게 괴로워하는 춘원의 모습이야말로 교회가 가르치는 우리 민족의 모습이고, 그래서 단연코 그 길을 걸어가야 하는 것이 그리스도인의 사명이라고 어린 마음에도 느끼고 있었다. 이런 감동이 있었기에 나는 1940년대에 그가 '황도(皇道)의 길'을 내걸며 민족에 대한 변절을 선언했을 때도 '그에게는 무언가 피할 수 없는 사정이 있는 것 아니겠는가?'라고 생각했다"라고 적고 있습니다. "그래서 조선 사회 일반이 그를 민족의 배반자로 단죄하려고 했을 때 나는 심한 아픔을 느꼈다. 우리는 오랫동안 지식인이나 예술가에게 그의 학문이나 예술 이전에 조국과 사회에 대한 자세가 어떤지를 물으려고 했던 것이 아닐까. 조선 민족을 위해 산다는 것은 고난의 길을 선택하는 것이고, 그 가시밭길이야말로 영광의 길이라는 생각은 기독교의 영향임이 틀림없다. 그런 생각을 고무하고 격려해준 것은 보통학교 시절 정품인 선생이었고, 어머니였으며, 또한 교회였다. 분명히 내 삶은 내가 산 것이 아니라 내 안에서 그들이 산 것이라는 느낌을 지금도 지워버릴 수가 없다"(35쪽).

1937년에 평양고등보통학교에 입학하였습니다. 그해 중일전쟁이 일어났습니다. 그래도 그는 춘원의 『단종애사』와 이태준의 소설을 계속 읽었습니다. 후일 숭실대 교수가 된 안병욱(1920~2013)도 함께 있었습니다. 4학년인 1940년 여름 베이징에 가서 학비를 마련하였습니다. 아무튼 이때부터 국경을 넘는 사람이 되었습니다. 이때부터 '국경을 넘는 여행자'로 각인되었습니다. 다시 고향에서 고생하다 북한에 소련 지배 공산 정권이 들어서자 월남합니다. 중학 선배 선우휘(1922~1986)는 평생 따르고 존경한 인물입니다.

충청사범학교에서 잠시 교편을 잡다 서울로 올라와 우연히 서울대 입시 모집 광고를 봅니다. "방황하던 어느 날 나는 을지로를 지나가다가 간판에 붙은 서울대학교 학생 모집 요강을 보고 아무 준비도 없이 일단 철학과에 지원했지만 제2지망인 종교학과에 합격했다. 입학한 학생은 두 명에 불과했고, 종교학과 학생은 신입생까지 합하여 총 일곱 명이고, 전임교수는 가톨릭교회 신부인 정규만(丁奎萬) 선생 한 분이었다. 그러나 다른 학과의 청강은 학생의 자유라고 하니 철학과 수업을 다수 선택하고, 무엇보다 어학이 중요하다고 생각해 영어나 독일어 원서강독 과목을 많이 듣기로 했다. (중략) 이런 생활이 1950년 6월 25일 한국전쟁이 일어날 때까지 계속된다. 이 무렵에는 아침 일찍 강의실에 들어가면 사방 벽에 붙여진 공산주의를 선전하는 전단지에서 아직도 풀의 온기를 느낄 수 있을 정도였다. 강단에서 무슨 행사라도 있을 때면 공중에서 무언가 파열음을 내며 떨어졌는데 좌익 전단이었다. 교문 쪽에서는 점심때 경찰과의 충돌이 계속되었다. 나는 북에서 월남했지만 남쪽에서 벌어지는 반공 운동의 폭력을 혐오하면서도 좌익 운동에는 휩쓸리지 않으려고 했다.

뒤늦게 나를 찾아서 남하한 어머니는 겨울이면 길거리에 지나가는 부인들을 붙잡고 뜨개질하는 대나무 바늘을 팔았다"(63쪽).

III

2012년 선생님은 저의 부탁에 의해 「서울대 대학원동창회보」(18호, 2012)에 "나의 대학원 시절"이란 글을 쓰셨습니다. "1948년 당시 그 학과는 학생 4명에 교수 한 분이라는 지극히 빈약한 상태였다. 한 분 계신 교수란 카톨릭 신부였다. 그러다가 얼마 안 돼서 신교 목사 한 분이 부임해왔다. 그렇지만 종교학과니까 강사가 담당하는 불교 강의 또는 일반 종교 강의도 있었다. 1950년에는 새로 부임한 교수에 의한 종교철학 강의도 생겨서 나는 종교철학을 전공하리라고 마음먹었다"(32쪽). 6.25 전쟁이 터지고 3학년생으로 입대하였습니다. "군대에서는 전시연합대학이라는 것을 설치하여 입대 전 대학생들을 모아 한 달간 집중강의를 해 준다는 것이었다. 그러다가 54년에는 군대에서 휴가를 얻어 한 학기 더 공부를 해서 9월에 졸업을 하게 됐다. 이렇게 짜깁기하듯이 해서 대학을 졸업하고 여학교에서 영어 교사의 직장을 얻게 되었다. 군대에서 통역장교로 복무했으니 살아있는 영어를 가르칠 수 있지 않겠느냐는 것이었다. 그러다가 시간을 얻어 대학원에 진학하게 된 것은 2년 후 1956년이었다. 그러니까 남보다 7, 8년이나 뒤늦게 대학원 문을 두드린 늦깎이 학생 생활이었다. 나는 6.25 전부터 덴마크의 철학자 키에르케고르의 철학에 심취돼 있었다. 그래서 내 수기에 이 무렵의 나를 표현한다고 그의 주저 『죽음에 이르는 병』에서 다음과 같은 말을 인용했다. '인간이 뛰어나면 날수록 그는 자기 죄 때문에 고뇌하는 법이다'"(33쪽).

지명관은 "로고스론"을 학위논문으로 써 석사가 되고, 박사과정에 입학하여 유럽 사상사를 섭렵하며 공부하던 중 1960년 4.19가 일어났습니다. "나는 그때까지 저널리즘을 경멸이라도 하듯이 공부하려면 세속에서 떠나 있어야 한다고 생각해 왔는데 거기에 대한 회의가 싹트기 시작했다. 그런 의미에서도 초지라고 할 수 있는 학문적인 야심을 버리고 학문과 현실 참여의 교차점이라도 찾는다는 생각에서 '알버트 슈바이쳐의 사상 연구'라는 길을 택하게 되었다. 그것은 또한 '로고스론'을 추구하면서 지쳐버린 나 자신과의 타협점을 찾는 결과이기도 하였다"(34쪽).

"4.19가 일어나자 서울대 서울대학교 문리대에서는 나에게 종교철학을 강의할 기회를 허락해 주었다. 그리하여 나는 거의 스승 없이 종교철학 고전들을 찾아서 소개하려고 했다 할까, 이런 구실로 자신을 합리화하려고 했다고 할까. 학생들과 함께 공부하려고 했다. 마침 그 무렵에 근무하던 여자 고등학교 관계 재단에서 운영하는 여자 대학에서 철학개론을 가르치라고 했다. 그래서 뜻하던 학문을 하게 되는가 했더니 곧 근무하던 여자 고등학교 교장을 맡으라는 것이었다. 한편 소학교 선배로서 조선일보 편집국장 일을 맡고 있던 선우휘는 나에게 신문에 글을 쓰라고 강요하다시피 하는 것이었다. 스스로 경멸하다시피 했던 이런 글들을 쓰기 시작한 것은 4.19전후부터가 아닌가 생각한다"(34쪽). 그리하여 1961년 5월부터 등장하는 군사정부를 비판하는 글을 쓰게 됐습니다.

이렇게 지명관은 종교학을 공부했지만 철학과 사상사를 강의했습니다. 사상사는 지성사(history of ideas)라고도 불리며 이 분야를 개척하다시피 했습니다. 그 가운데 그에게 가장 강렬한 영향을 미친 인물이 라인홀드 니버(Reinhold Niebuhr)였습니다. 영어를 잘하는 지명관은 바로 니버에게 편지를 보내 수차례 문통하였습니다. 저도 1960년대 후반 대학 시절 지명관의 번역과 글로 니버를 알게 되어 감명을 받고, 법대생이면서 '기독교사회윤리학'(Christian social ethics)이란 분야에 매력을 느껴 신학을 공부할까 고민하기도 하였습니다. 1971년 6월 니버의 부음을 듣고 저는 기독학생연맹(KSCF)의 주최로 "니버 추모의 밤"을 열고 지명관, 현영학, 정하은, 안치순 등과 추모 강연을 하기도 하였습니다. 최근 안재웅 목사의 회고록 『역사가 내미는 손 잡고』(2021)에서 그것을 언급하여 감동으로 회상하였습니다(50쪽).

계속하여 지명관은 이렇게 적었습니다. "1962년에 박사과정을 수료했다고 하면서도 나는 학문이라고 하기보다는 대학에서 가르치면서 유랑하는 신세였다. 일본 도쿄대학으로 간 것은 1972년 가을이었다. 이번에는 도쿄대학 대학원 정치학과 과정에서 일본 정치사상사를 공부하면서 이에 대비해서 한국의 근현대 사상사를 써보겠다는 생각에서였다. 그때 도쿄대학에는 사상사에 대한 강한 교수진이 포진돼 있었다. 거기에 도쿄에서라면 북으로 간 우리나라 지식인들의 행적도 마음대로 구해보고 참고할 수 있지 않겠는가 하고 생각했다"(34쪽).

IV

지명관은 「사상계」 주간으로 1964년 문화자유회의(Congress for Cultural Freedom) 한국본부에 참여하여 "국가와 지식인"이란 글을 발표하였습니다. "비정치적인 영역에 속한 사람들의 날카로운 발언을 기대한다. 그러나 사실 이 땅에 있어서 지성인이라는 이름의 참여가 그렇게 두드러지게 나타나지도 못하였고 또한 대개는 그것도 지성의 세계를 이탈한 정치에 대한 예속성 때문에 실패의 길을 더듬어 왔다. 여기에 지성인의

일본 문화자유회의에서 김준엽과(1964)

자리와 구실이 새롭게 문제되지 않을 수 없다. 이제 부정부패 무능의 타도라는 슬로건만으로 혁명이나 혁신이 있는 것이 아니라 계몽주의자들이 프랑스혁명에서 담당한 구실처럼 전과는 달리 지성인의 이념 내용과 실천의 사실을 요구하는 것 같다"고 지적하였습니다(김용구 편『전통과 현대성』, 춘추사, 1965, 136쪽). 니버도 이 세계문화자유회의에 참여한 지도자 중의 하나였습니다. 지명관이 말한 지성인의 이념은 자유와 민권이고, 이것이 장준하와 함께 뜻을 같이하여 「사상계」를 발간하는 신념이자 철학이었습니다. 처음 김준엽과 함께 일본으로 간 계기도 일본 문화자유회의에서 제공해 준 것이었습니다.

　지명관은 1972년에 일본으로 건너가 20년을 살면서 한국의 민주화운동을 위해 노력하였습니다. 1974년부터 20년간 도쿄의 일본여자대학 교수로 있으면서 「世界」지에 "한국으로부터의 통신"을 'TK'라는 익명으로 15년간 집필하여 큰 반향을 일으켰습니다. 이것은 한국에서의 민주화운동을 세계에 알리는 창구 역할을 했습니다(이 자료는 현재 국사편찬위원회에

한국 문화자유회의 인사들과(1960년대말): 좌로부터 양호민, 한승헌, 이건호, 이항녕,
김용구, 이문영, 이극찬, 지명관

소장되어 있다). 1993년에 귀국하여 한림대학교 일본학연구소를 창설해
소장이 되었고, 2000~2005년에는 KBS 이사장으로 활동하였습니다.
2018년에 미국의 아들에게 가서 지내다 2021년에 귀국하여 만년을 고국에
서 사셨습니다.

V

제가 지명관 선생님을 기억하는 특별한 몇 장면이 있습니다. 서울
법대 재학 시절 저는 법대 기독학생회 회장을 맡고 있었는데 1968년
가을 <낙산제>(駱山祭) 학술제에 불교학생회, 가톨릭학생회와 공동 종교
강연회를 개최하였습니다. 그런데 맨 첫 번 연사인 청담 스님이 시간
가는 줄 모르고 불교는 나를 찾는 종교라면서 내가 누구인가, 지금 흘러가
는 한강 물이 참 한강 물인가 하는 식으로 끝없이 말씀을 계속하셨습니다.

학생들은 지루해 "스님, 우리가 초등학생인 줄 아십니까?" 하고 제지하였으나 "나는 어디 가도 그런 소릴 듣는다"면서 또 계속하여 전체 시간을 거의 다 보내셨습니다. 마지막으로 등단하신 지명관 선생은 "시간이 없는 관계로 한마디로 요약하면 기독교는 남을 위해 사는 길을 찾는 종교입니다" 하고 끝내셨습니다. 장내는 박수갈채의 바다로 변했습니다.

그 후 또 한번은 매포수양관에서 서울대 기독학생회 수양회 때 선생님을 강사로 모셨습니다. 여름이라 앞 강가에서 수영(미역)을 하였습니다. 그때 선생님의 자그만 체구에 단단한 근육을 보았습니다. 지금 생각하면 학생들과 격의 없이 몸을 부딪치는 것도 쉬운 일은 아니셨으리라 생각합니다. 이렇게 꼿꼿하시면서도 다정다감하신 어른이라 기억됩니다.

제가 선생님을 마지막으로 뵌 것은 10년 전인 2012년 4월 27일입니다. 날짜를 잘 기억하는 까닭은 그날 함께 찍은 사진이 있기 때문입니다. 위의 "나의 대학원 시절"이란 글을 실은 「서울대 대학원 동창회보」 제18호를 몇 부 직접 드리겠다고 선생님께 전화를 드리니 평촌으로 오라고 하셨습니다. 평촌 전철역 근처의 어느 다방에서 장시간 담화를 나누며 이제 미국의 아들에게 가서 살고 싶다고 하셨습니다. 노경에도 흐트러짐 없는 단아한 모습은 여전하셨지만 어딘지 쓸쓸한 느낌이 들었습니다. 저는 마지막 만남이란 생각에서 함께 사진을 찍자고 했습니다. 그 후 미국에서 다시 돌아오시긴 했지만 뵙지 못하고 소천하셨습니다. 위의 "나의 대학원 시절"이란 글은 금년 4월에 나온 『나의 대학원 시절』(서울대학교 대학원동창회 기획, 경인문화사)이란 단행본 226~232쪽에 실렸습니다. 이것은 못 보시고 가셨습니다. 가셨지만 우리는 잊지 않고, 잊을 수 없다는 한 증거로 생각합니다.

금년 1월 2일 부음을 듣고 서울대병원 영안실로 문상을 가면서 급히 조시 한 편을 써 유족에게 전하였습니다.

한국사의 TK생
― 고 지명관(1924-2022) 선생 영전에

춘원, 소월 따라 정주에서 태어나
민족사의 혈맥 따라 월남하시어
서울대에서 종교학을 전공하여
학자로 교육자로 언론인 문필가로
경계를 넘는 지성인으로 살면서
총대보다 무서운 붓대를 잡으셨지요
그 붓길 가는 곳이 역사의 변곡점
한국의 경계선 넘어 일본, 미국으로
한국 지성의 현존을 펄펄 증언하시다
드디어 인생의 본향 큰 경계 건너시니
후생은 어디서 또 TK생 볼 수 있나요
애써 쌓아놓은 민주화의 초석 위에
희석되는 자유와 민주주의의 현실은
누가 어떻게 책임져야 하나요?
하늘나라에서 큰 빛으로 계시해주소서
(2022. 1. 2. 서울대병원)

본고를 쓰기 위해 저는 지난 7월 26일 과천의 국사편찬위원회에
찾아갔습니다. 김인걸 위원장의 도움으로 거기 소장된 구술사(oral history)

자료를 열람하였습니다. 241쪽에 이르는 방대한 구술록은 지명관 연구에 중요한 자료임은 말할 필요도 없고, 특히 문화자유회의와의 관계에 관하여 알 수 있었습니다. 제가 받은 인상은 선생도 문화자유회의의 실체에 대하여 그렇게 분명히는 알지 못하고 참여하셨던 것으로 느껴졌습니다. 이 방면에 관하여는 당시 주도적 역할을 하신 김용구(1929~2019) 선생의 유품 자료를 기초로 현재 연구 중에 있습니다(졸고, "동촌 김용구의 삶, 사상과 문학," 「사상과 문학」 41, 372~387쪽). 지명관 선생께서 국편에 기증하신 자료는 아직 제대로 열람하지 못했습니다. 앞으로 선생을 연구하려면 이 구술사와 기증자료를 착실히 검토하여야 할 것이라 생각합니다. 이런 관심과 연구는 지명관 선생님의 사상사학(思想史學) 내지 지성사(知性史)의 연장이라 생각되는데, 저도 앞으로 얼마나 할 수 있을지 모르겠습니다. 결국 '국경을 넘나드는 경계인'은 저에게도 큰 조명등이자 평생의 과제로 아직도 현존해 계십니다.

지명관 선생님의 '침묵'

세키다 히로오
(일본기독교단 가나가와교구 순회 목사,
아오야마가쿠인대학 명예교수)

조금 전 추모 모임에서 지명관 선생님과의 추억에 대해서 또 그 소중한 업적에 대해 잘 들었습니다. 앞의 네 분의 이야기를 들으면서 실로 깊은 통찰이라고 할까, 또 넓은 문맥 속에서의 지 선생님의 추억을 잘 말씀해 주셨습니다.

그것에 비해 제 이야기는 참으로 보잘것없어 죄송합니다만, 간단하게 세 가지로 저와 선생님의 추억을 말씀드리고 싶습니다.

하나는 저는 농촌전도신학교에서 수년간 매주 목요일 지 선생님과 같은 날에 비상근으로, 지 선생님은 사회윤리, 저는 설교학 과목 강의를 담당해 왔습니다. 귀갓길이 같아 버스 정류장까지 여러 가지 이야기를 나누며 함께 오곤 했습니다.

지 선생님은 언제나 미소를 머금은 표정으로 정말 온화하고 조용한 인품을 지니고 계셨습니다. 저는 일본기독교단의 목사로서 "전쟁책임고백"에 대해서나 자신의 목회의 현장인 가와사키에서의 재일 코리안 분들과의 여러 가지 만남을 이야기하였습니다. 그러면 언제나 "오, 그래. 그래요?"라고 편하게 귀 기울여 주셨습니다.

그런 이야기 화제의 흐름 속에서 버스 안에서 재일대한기독교회 가와사키교회의 이인하 선생님과의 만남이라든가 타마가와 강변 부지에 살던 주민들의 이야기 등 여러 가지 이야기를 드렸는데, 언제나 웃으면서 호응해 주셨습니다.

지 선생님의 말씀은 대단히 그 범위가 넓습니다. 저도 선생님의 이야기에 빠져 일상생활에서부터 선생님의 건강 유지법까지를 들었던 기억이 있습니다. "육체 근육의 강화를 어떻게 하면 좋을까요"라든가, 심지어 치아의 손질법까지도 포함되었지만, 그렇듯 폭넓은 지 선생님과의 교제가 있습니다.

그다음 저는 선생님의 모습을 되돌아보면서 오늘의 이야기처럼 TK생이라는 필명에 대해 '침묵'을 지키고 계셨다고 다시 생각하게 됩니다만, 그 이외에도 한국의 정치 관계의 문제, 한일 관계에 대해서도 어떻게 생각하고 계셨는지, 그러한 것에 대해 거의 들어본 적이 없습니다. 그리고 일본에 있는 한국인 교회와 관계하기보다는 오로지 일본 뱁티스트연맹 소속 교회 후지타 히데히코 선생님의 게이센 침례교회의 예배에 출석하고 계셨습니다.

아무튼 당시 한일 관계에 대해 '침묵'을 하고 계셨던 것을 다시 한번 여러분의 이야기를 들으면서 생각했습니다. 지금에서 보면 특히 지 선생님은 당시 한일 문제에 대해서는 계속 '침묵'하고 계셨습니다. 그 일을 되돌아보면서 본회퍼를 떠올렸습니다. 본회퍼는 아시다시피 독일군 정보부에 소속되어 있었습니다. 그곳은 히틀러와 가까운 곳입니다. 그런데 거기에 들어가 있던 것에 대해서는 '침묵'하고 있었습니다. 게다가 히틀러 암살계획에 대해 은밀하게 운동을 진행하고 있으면서 한마디도 말하지 않고 침묵하여 칼 바르트에게 오해를 살 정도로, 그 지위에 대해서는 '침묵'하고 있었습니다.

지 선생님의 경우도 그렇다고 생각합니다. 본회퍼와 통하는 일이었다고 생각합니다. 어떤 의미에서 지 선생님은 한국의 본회퍼였다고 할 수 있지 않을까요.

또 하나는 역시 농촌전도신학교에서의 일입니다만, 가끔 지 선생님이 신학생을 향해 예배 설교를 하시기도 했습니다. 지금도 매우 인상에 남아있는 것은 한나 아렌트의 이야기를 인용하면서 선생님은 학생들을 향해 "좋은 변화를 위한 '에이전트'가 되라"고 말씀하신 것을 기억합니다. 아무리 소수라도, 아무리 작은 '그릇'이라도 사회에 좋은 변화를 가져오는 '그릇'이 되라고 했습니다. 신학생들에게 좋은 격려가 되었다고 생각합니다.

어느 날 버스 정류장을 향한 도중에 마음에 남은 선생님의 말씀이 있습니다. "'하나님의 나라가 오기를 바랍니다'라는 기도를 책임감을 지니고 기도하기 위해서는 십자가를 져야 합니다. 십자가를 져야만 처음으로 하나님의 나라가 오기를 기도할 수 있지 않을까요?" 그 말씀이 매우 오랫동안 마음에 남아있습니다.

추도 예배 설교에서 카이노 선생님은 이케 선생님으로부터 "남겨진 것은 희망이다"라고 말씀하셨습니다. '정말로 하나님의 나라가 오기를 바라는 희망은 십자가를 져야 현실화하고 힘차게 작동되는 것이 아닐까' 바로 그렇게 생각했습니다.

마지막으로 말씀드리고 싶은 것은 지 선생님이 쓴 '민중신학' 주제의 책을 읽고 매우 자극을 받았습니다. 그 일도 있어서 나는 타마가와의 하천 부지에 부득이 살지 않을 수 없게 된 재일 한국인들과의 교제를 계속해 온 것입니다. 그때 생각했습니다. 정말로 지 선생님처럼 소수자라도 희망을 지니고 십자가를 지고 살아갈 때입니다. 그것을 생각하면서 저는 현재 가나가와현의 조선학교와의 교류, 지원 그리고 저 멀리는 민족 통일의 꿈을 지니고 조선학교 지원회를 5년간 계속하고 있습니다. 정부가 하지 않는 것, 정부가 할 수 없는 것을 민간 시민의 손으로 먼저 만들어가는 것, 작은 것을 만들어가는 것이 새로운 역사이며, 그것이 지 선생님께서 가르쳐 주신 소중한 길이라고 생각합니다.

지명관 선생님을 추모하며

이삼열

(대화문화아카데미 이사장)

한국민주화운동의 큰 별이신 지명관 선생님께서 별세하신 지 넉 달 반이 지난 오늘 일본 동경에서 추모의 모임이 열리게 된 것은 여러 가지로 의미가 깊다고 생각하며 지 교수님의 후학, 동지의 한 사람으로 추모의 말씀을 드릴 수 있게 되어 큰 영광으로 생각하며 감사의 인사를 드립니다.

저는 지 교수님께서 일본에 망명 지식인으로 활동하시던 시절 독일에서 유학 생활을 하며 반독재 민주화운동에 참여했고, 75년부터는 지 교수님께서 주도하신 한국기독자민주동지회의 일원으로 해외 운동의 연대 활동을 함께했던 후배입니다.

또한 서울대학교 문리대 철학과에서 종교철학을 전공하신 지 교수님의 10여 년 후배이기도 한 저는 학창 시절 지 선생님의 강연을 듣고 배운 후학이었으며, 참여하고 실천하는 지식인의 모델로 선생님을 늘 존경해왔습니다.

제가 대학 4학년이던 1962년 5월 문리대 학림제(學林祭)에 오셔서

"종교의 사회 참여"라는 제목의 강연을 하셨는데, 당시 30대 젊은 교수로 앙가주망(engagement)과 데가주망(degagement)을 강조하며 외치던 목소리가 지금도 귓가에 울릴 만큼 깊은 감명을 받았습니다.

지명관 선생님의 삶의 역정은 크게 세 시기로 나누어 볼 수 있습니다.

1) 일본에 오신 1972년 전까지 한국의 대학과 언론계에서 활동하신 시기
2) 일본에 체류하시며 망명 지식인으로 활동하신 시기
3) 한국에 돌아오신 1993년 이후 한일 교류 활동에 주력하신 시기

100세 가까이 장수하시며 행동하는 선구적 지식인으로 기여하신 공헌과 업적을 다 열거하기는 어렵지만, 어느 시기 어느 곳에서나 선생님께서 일관되게 추구하신 목표와 가치는 민주주의와 인도주의, 세계 평화를 향한 역사 발전에 있었습니다.

일제강점기 한국말도 자유롭게 할 수 없게 억압된 환경에서 자란 선생님은 해방된 조국에서도 북쪽에서나 남쪽에서나 종교와 사상의 자유, 언론의 자유 같은 기본권이 박탈된 비민주적 사회에서 감시당하는 지식인의 삶을 살아야 했습니다.

진리 추구와 향학열에 불탄 20대 청년 지명관은 1950년 6.25전쟁으로 군대에 끌려가 5년간이나 동족상잔의 살육전을 겪으며 참혹한 죽음들을 목격한 뒤 생명 존중 사상과 인도주의 윤리에 깊은 관심을 갖게 됩니다. 이는 라인홀드 니버와 알버트 슈바이처의 사상을 연구, 출판하며 강의하게 된 동기였습니다.

덕성여자대학 교수로 철학을 가르치던 지 교수님은 1960년 4.19혁명

을 보신 뒤 이승만 독재와 부정선거를 비판하지 못한 지식인과 종교인을 꾸짖으며 사회 참여와 비판의식을 제고하는 글들을 쓰기 시작했고, 1961년 5.16 군사정변 직후부터는 잡지 「사상계」 등에 군사 쿠데타를 비판하며 민주화를 촉구하는 논설들을 용감하게 발표하셨습니다.

군사정권의 압력으로 교수직과 강사직까지 박탈당한 지 선생님은 1964년 당대의 유일한 비판적 저널이었던 「사상계」의 편집 주간으로 일하시며 민주주의, 민족주의, 사회 개혁, 세계 평화의 사상과 정책들을 발굴하여 전파하는 언론인으로서의 사명에 정열을 바치셨습니다.

그러나 양심적 지성인의 목소리를 발하고 싶은 지명관에게 한국 상황은 너무나 암울하게 변질되어 갔습니다. 1969년 '3선개헌'으로 장기 독재의 틀을 마련해가던 박정희 대통령은 저항하는 학생과 지식인들을 더 강압적으로 억눌렀고, 1970년 5월엔 김지하의 시 <오적> 게재를 구실 삼아 「사상계」마저 폐간시켜 지 선생님에겐 설 자리마저 제거해버린 격이 되었습니다.

잠시 피신해 자유로운 일본에 가서 사회 사상사를 공부하겠다는 일념으로 한국을 떠나 동경에 가시게 된 것이 1972년 10월이었는데, 결국 20년을 일본 땅에서 망명 지식인으로 사는 힘든 길을 가시게 되었습니다.

1970년대 유신독재하에서 많은 학생, 지식인, 종교인들이 구속, 해직, 고문당하고, 언론 · 출판 · 신앙의 자유가 중앙정보부의 잔악한 통제로 철저하게 억압된 조국의 암담한 현실을 밖에서 바라보면서 국내 저항 운동을 돕고 반독재 여론을 국제 사회에 확산시키는 일을 위험을 각오하고서도 하지 않으면 안 되겠다고 결심하셨기 때문이었습니다.

하신 일이 많지만 이와나미출판사(岩波書店)의 월간지 「世界」에 'TK생'

이라는 필명으로 기고한 "한국으로부터의 통신"이 1973년부터 1988년 민주화가 달성되기까지 15년간이나 지속되어 국내외 민주화운동의 교과서처럼 읽힌 놀라운 성과는 한일 양국의 민주 동지들이 벌인 007작전 같은 비밀 유지와 협동 작업을 통해 이루어 낸 성과였습니다.

물론 오재식, 강문규, 이인하, 이청일 등 일본에 있던 한국 기독자 동지들의 도움과 협력이 큰 힘이 되었지만, 험악한 한일 관계 속에서 20년이나 일본에 숨은 망명자로 머물며 버틸 수 있었던 것은 이와나미출판사(岩波書店)의 야스에 료스케(安江良介) 편집장님, 동경대학의 스미야 미키오(隅谷三喜男) 교수님, 동경여자대학의 오가와 게이지(小川圭治) 교수님, 신쿄출판사(新敎出版)의 모리오카 이와오(森岡巖) 편집장님, 한국문제 기독자 긴급회의 나카지마 마사아키(中島正昭) 목사님과 쇼지 쓰토무(東海林勤) 목사님 그리고 와다 하루키(和田春樹) 교수님 등 일본의 수많은 동지, 친구들의 아낌없는 후원과 우정 어린 보살핌, 연대가 있었기에 가능했다고 믿습니다.

저 자신 1976년에 지 선생님의 소개로 야스에 로스케 편집장님과 두어 시간 회견하며 북한과 일본 정계에 대한 귀한 정보를 얻었으며, 스미야 미키오 교수님도 만나 대담하며 한국 경제에 관한 새로운 지식을 들어 많은 도움을 받았습니다. 일본에서 지 선생님을 도우며 한국 민주화 운동에 공헌하신 모든 분께 진심으로 감사의 뜻을 표합니다.

지 선생님께서는 한국의 독재 정권이 물러가고 민주화가 달성된 1993년에 일본 거주 생활을 마치고 20년 반 만에 그립던 한국 땅을 다시 밟으셨습니다.

그런데 70 노인으로 귀국하신 선생님은 잠시의 휴식도 마다하시고 일본에서 얻은 지식과 인연을 활용하여 일본 연구와 한일 교류 활동에 매진하시게 됩니다.

1994년에 춘천 소재 한림대학에 과학원 교수로 가셔서 일본학연구소를 창설하시고 소장직을 맡아 10여 년 봉직하시며 일본학의 본격적 연구와 한일 문화교류에 지대한 업적을 이루셨습니다. 이와나미출판사의 출판물 등 일본 서적 백여 권을 번역 출판해 한국민이 일본을 바르게 이해하는 데 노력을 많이 하셨고, 많은 학자와 지식인들의 교류 협력 사업을 추진해 한일의 친선과 관계 개선에도 적잖이 기여하셨습니다.

그중에도 1995년에 "해방 50년, 패전 50년 — 화해와 미래를 위하여"라는 주제로 서울 크리스챤아카데미와 도쿄 이와나미에서 모인 한일 양국 지식인 대화 모임은 불행했던 과거를 청산하고 화해와 관계 개선을 통해 동아시아의 평화 공동체를 수립하자는 비전을 함께 나눈 역사적인 만남과 대화였습니다.

특히 지 교수님의 교섭으로 서울에 오신 오에 겐자부로 노벨상 작가님과 사카모토 요시카즈(坂本義和) 도쿄대 교수님 등 일본의 양심적 지식인들의 말씀이 한국인들에게 커다란 감동과 울림을 주었습니다.

1998년에는 마침 선생님을 잘 아는 김대중 씨가 대통령으로 당선되어 지 교수님을 한국방송공사(KBS) 이사장으로 임명하시고, 한일문화교류위원회의 책임까지 맡기시었기 때문에 선생님께서는 여러 해 동안 한일 국교 관계 개선에도 중요한 역할을 감당하시게 되었습니다.

한일 관계 개선에 중요한 이정표가 되는 획기적 사건으로는 1993년 고노 담화, 1995년 무라야마 담화에 이어 1998년 김대중과 오부치의 한일 파트너십 공동선언이 역사적으로 높이 평가되고 있는데, 여기엔 지명관 교수님의 숨은 공로가 있었다는 것을 잊지 말아야 하겠습니다.

선생님은 금년 1월 초에 98세로 생을 마치셨지만 1년 전까지만 해도 건강하신 몸으로 제가 일하는 대화문화아카데미가 주최한 동아시아 평화 회의에 참석하시어 발언하시며 많은 조언을 해주셨습니다.

이제 저는 지명관 선생님께서 우리에게 유언처럼 남겨주신 한 말씀을 상기하면서 허락해주신 추모의 말씀을 마치고자 합니다.

2001년 역사 교과서 문제로 한일 간에 대립이 격해지고 대화가 단절되었을 때, 지 교수님은 한일문화교류위원회의 대표 자격으로 기자회견을 하시면서 다음과 같은 성명문을 발표하셨습니다.

"한일 정부 간의 대화가 단절되었더라도 양국의 지역 간, 국민 간의 교류나 문화교류는 조속한 시일 내에 더욱 활성화되어야 할 것입니다. 그래서 개방적이고 평화를 사랑하며 상호 이해를 추구하는 일본의 시민 정신이 강화되고, 그야말로 국민을 통한 국민 간의 한일 교류가 더욱 공고해질 때, 우익적인 정치세력의 반역사적인 책동은 발을 붙이지 못하게 될 것입니다. 그러므로 한일 간의 국민적, 문화적 교류와 연대는 곧 전면적으로 재개되어야 한다고 생각합니다."

감사합니다.

2022년 5월 14일

동북아에서 기독교회의 사명

오카다 히토시
(도미사카그리스도교센터 총주사)

지난 1월 1일 교회의 설날 기도회를 마친 오후, 지명관 선생님의 부음을 들었습니다. 소식을 알려주신 것은 서정민 선생님과 이기호 선생님이었습니다. 그 며칠 후 김성제 JNCC 총간사님으로부터 "기독교식으로 추도 모임을 가지면 어떨까"라는 상의가 있었고, 거의 동시에 오카모토 아츠시 전 이와나미서점 사장으로부터 전체 시민 레벨에서의 추도회 초청인을 구성하면 어떠냐는 제안이 있었습니다. 결국 지 선생님이 1972년에 일본에 도착한 후 도미사카세미나하우스(현 도미사카그리스도교센터)를 집회 등에서 빈번하게 사용하셨을 뿐만 아니라 이와나미서점, 니와노평화재단, 각 미디어, 대학, 기독교계 등에 관계하셨기 때문에 다양한 입장의 발기인의 협동으로 준비 모임이 결성되고 마침내 추도회가 실현되었습니다. 추도 모임을 통해 지 선생님의 위대한 공헌과 모두 함께 선생님께서 연결해 주신 만남의 풍요로움과 그 은혜의 크기를 다시금 알 수 있었습니다.

2012년에 도미하신 뒤 지 선생님은 일본에 오실 때마다 도미사카의 게스트룸에 사모님이신 강정숙 부인과 함께 체재하시며, 동북아의 평화와 장래에 관한 강연과 집필 활동에 전심을 다하셨습니다. 2017년 1월에는 지 선생님을 중심으로 오카모토 아츠시 씨나 이기호 씨 등 한일의 지식인 14명이 도미사카에 모여 "한일 · 동아시아 평화 포럼"이 열렸고, 특히 동북아 시민에 의한 국제 연대의 가능성에 대해 지도를 받기도 했습니다. 선생님은 지병으로 쓰러지실 때까지 도미사카를 위해 기도하신다는 편지를 여러 차례 주셨고, 저는 공과 사 모두에서 큰 신세를 졌습니다. 강정숙 사모님의 상냥한 미소와 따뜻한 배려를 또한 잊을 수가 없습니다.

지 선생님은 예수 그리스도가 적대하는 상황에서도 우정과 연대를 기도를 통해 실천한 것 또한 그리스도를 머리로 하는 교회가 세계교회와 국제적으로 연대하여 각자가 처한 지역에서 에큐메니컬한 리더십을 발휘하는 사명을 가지는 것을 몇 번이나 강조하셨습니다. 근대 일본은 한반도를 안보의 생명선으로 자리매김했고, 이것이 일본을 침략전쟁으로 휘몰아 간 것입니다. 일본인 그리스도인들의 대부분도 식민지화에 협력했을 뿐만 아니라 신앙적으로 식민지화를 정당화하는 성서적 해석을 했습니다. 그 기록과 논조가 당시 정치가의 논리에 따라 움직였습니다(서정민에게서 인용). 이 통절한 역사를 스스로 교훈으로서 마음에 새겨 한반도에 있어서의 평화 구축에 적극적으로 공헌하는 것이 일본 교회의 책임은 아닐까 합니다. 지 선생님이 일본을 끝으로 방문한 뒤 떠나신 2017년은 종교개혁 500주년이기도 했습니다. 개신교가 교회의 자기 개혁을 끊임없이 요구하는 운동이라고 한다면, 오키나와, 동북아와의 관계에 있어서 새롭게 자기 변혁하는 공동체로서 다시 서는 것이 일본 교회에 요구되고 있는바, 여기에 동북아시아 그리스도교회의 사명이 있을 것입니다.

"힘으로 타인을 지배하겠다는 죄를 범한 근대는 대립과 충돌, 분할, 격차, 차별, 억압 등을 남겼지만 현대사는 교류, 이해, 협력, 평화를 목표로 해야 한다. 평화, 정의, 인권이라고 하는 민주주의적 가치를 목표로 하는 현대사로 향해, 이 역사에 참여하기 위해서 각국의 개성의 차이를 '북동아시아의 문화의 풍요로움'으로 보고 싶다. 이 관점 아래에 동북아시아의 회귀의 역사학을 찾아내고, 각국 공통의 평화 사상 사관으로 우리는 진행해야 한다. 근대가 소거해 온 것을 찾아 나서서 동북아의 격렬한 저항을 부정하는 역사로 다시 나아갈 필요가 있다. 동북아시아의 평화는 북한 문제를 빼놓고는 생각할 수 없다. 그러므로 북한을 고립시켜 조이는 것이 아니라, 교류를 통한 대화와 협력을 추진해 신뢰 관계를 구축하는 길을 선택해야 한다. 전후 중·한·일(오키나와와 야마토)의 행보를 아는 것은 비교사상적 과제로서 중요한 과제이다."

이러한 지 선생님의 메시지를 여전히 마음에 새기는 사람이 되고 싶습니다.

하나님께서 이 지상에 지 선생님을 보내 주셨습니다. 이 큰 은혜를 깊이 감사드림과 동시에 선생님이 이어주신 여러분과 속한 나라나 종교를 넘어서서 시민들 간의 우의와 교류를 한일 간에 한층 더 깊게 하며, '도미사카'가 해나가야 할 일을 바로 지금 여기 현장에서 실행하는 제 역할을 다해 나가고 싶습니다.

지명관 선생을 추모하며

─ 민주화와 통일, 세계 평화를 위해 지성인의 사회 참여를 강조하다

이만열

(전 국사편찬위원장)

선생 가신 지 어언 1년, 후학으로서 깊은 교제를 나누거나 학은(學恩)을 크게 입지는 못했으나 곰곰 생각해보니 몇 가지 선생과의 인연이 회상됩니다. 그것을 간단히 풀어 선생에 대한 추모의 뜻을 남기고자 합니다.

선생님을 처음 뵌 것은 1960년 전후의 학부 시절이었습니다. 종교학 관련 선생님의 강의를 들을 수 있는 기회가 있었기 때문입니다. 그것도 정식으로 강의 신청하여 들은 것이 아니고 청강 형태로 들었습니다. 필자는 1957년에 사학과에 진학하기는 했으나 역사 공부보다는 신학에 더 깊은 관심을 갖고 있었습니다. 이 때문에 필자는 종교학과와 철학과에서 개설한 과목에 기웃거렸습니다. 지금은 알파벳조차 거의 잊어버렸지만, 사학과에서는 엄두도 낼 수 없는 성서 언어(히브리어와 헬라어) 등은 종교학과와 언어학과에서 수강했습니다. 종교학과의 장병길 교수가 지도했던 하르낙의 교회사 관련 독일어 강독도 퍽 인상 깊게 수강할 수 있었고, 벨기에에서 학위를 마치고 갓 돌아온 이기영 교수의 <원효(元曉) 연구>를 수강한 것도 그 무렵입니다. 그러나 당시 종교학과의 상징과 같았던 신사훈 교수의 강의는 중간에 그만두었습니다. 제 머리로는 따라갈 수가 없었습니다. 아마도 그 무렵에 지명관 선생님의 강의도 들을 수 있었습니다. 이 점은 조금 부연하는 것이 좋겠습니다.

당시 대부분의 대학에서는 입학 동기들이 학기별 학년별로 짜인 커리큘럼에 따라 거의 동일한 시간에 강의를 받도록 되어 있었습니다. 이런 사실은 그 한참 후 필자가 대학에서 강의를 맡았을 때, 대학에서 그때까지 일반적으로 진행해 왔던 그 관행을 알게 되었습니다. 당시 대학 교육은 전공 학과에 정해진 커리큘럼에 따라 학기별, 학년별로 구분해서 수강하는 것이 대부분이었습니다. 말하자면 전공과목을 중 · 고교식의 시간 배열 형태로 짜 놓은 것에 불과했던 것입니다. 그래서 일반적으로 학과 동기들은, 교양 · 선택 · 부전공 등의 과목을 제외하고 전공 과목의 대부분은 학과에서 편성한 시간표에 따라 수강했습니다. 학과의 동기들은 전공 과목에 관한 한 1학년부터 4학년 때까지 거의 같은 클래스에서 수업을 받았습니다.

필자가 다닌 대학에서는 그 점이 조금 달랐습니다. 수강 과목을 정하는 것이 아주 자유스러웠고 수강자 개인이 자유로 정했습니다. 전공 과목이라 하더라도 학년에 관계없이 자유롭게 수강할 수 있었습니다. 같은 학년이라도 같은 학기에 같은 과목을 이수하는 경우가 많지 않았습니다. 학과에서 제시한 전공 과목도 저학년에서 이수하든 고학년에서 이수하든 상관이 없었습니다. 학기 초에 대학 본부에서 전 학과의 개설 과목을 제시하면 학생들은 각자가 자기 취향에 따라 원하는 과목을 선택하여 들을 수 있었습니다. 그렇다 보니 시간표로 제시한 교양 과목 외에는 대부분의 강의가 학년의 구분 없이 개방되었습니다. 전공 과목의 경우는 더러 동기들이 같이 수강한 경우가 있었지만, 선택·부전공의 경우 학과 구분 없이 전 학년이 뒤섞여 수강할 수 있었습니다. 그러다 보니 개설된 강의에 대한 학생들의 품평이 날카로워 강의에 따라서는 텅 빈 강의도 있었지만 대형 강의실이 만석이 되는 경우도 없지 않았습니다. 수강의 유연성을 경험하면서 '아! 대학 강의가 이런 것이구나', '이 같은 대학의 자유를 기반으로 자유로운 사상이 전수되고 새롭게 형성되는구나' 하는 느낌을 받고 감탄했습니다.

수강의 자유는 학과의 경계를 넘나들었습니다. 필자가 지명관 선생의 강의를 수강한 것도 그런 자유스러운 분위기에서 이뤄졌습니다. 수강 학점이 교양·선택·부전공에 걸쳐 있고, 그 구분마다 학점의 상·하한선이 제한되어 있어서 그 틀에 맞춰 수강하는 것이 쉽지 않았습니다. 그럴 경우 학점 신청과 관계없이 청강이니 도강(盜講)이니 하는 형태로 원하는 과목을 듣기도 했습니다. 그렇게 해서 들은 것이 박종홍 교수의 <한국 사상>과 조가경 교수의 <실존철학>, 사회학과에서 개설한 <민족주의론> 강의 등이었습니다. 지명관 선생의 강의도 그중의 하나였습니다. 이제는 그 강의의 제목이나 내용도 거의 기억하지 못하지만, 신학 사상의 흐름이나 그 신학자들의 사상이 어떻게 형성되었고, 그들의 사상이 현실 문제와의 어떤 변증법적인 관계하에서 성립 발전되고 있었는가를 풀어주면서, 시대마다 지성인들의 앙가주망이 그 사회를 어떻게 변혁시켰는가를 강조했던 것으로 기억합니다. 지명관 선생은 강의하러 오실 때 책 보따리를 들고 다니셨고 강의가 시작되면 시사 문제는 물론 세계적인 석학들을 거론하는 데에 거침이 없었습니다.

대학 강의 못지않게 선생님은 「사상계」(1953~1970)와 「기독교사상」

(1957~) 등에 기고하여 젊은 사람들을 깨웠습니다. 특히 이 두 잡지는 이승만 정권 말기에 젊은이들의 의식을 키우는 데에 크게 공헌했습니다. '4월 혁명'의 밑바탕에는 이런 잡지들을 통해 도전받은 지성인층이 있었다고 할 수 있습니다. 선생님은 기고자였을 뿐만 아니라 1960년대에는 「사상계」의 주간으로 활동하면서 군사 쿠데타 세력을 비판하고 있었습니다. 「사상계」는 출발 때부터 분단의 척박한 생태계 속에서 민족 통일 문제에 가장 큰 가치를 두고 민주 사상의 함양과 새로운 문화 창조, 민족적 자존심의 고양과 사회 경제의 발전 등을 지향하면서 한국 사회의 지성을 고양시키는 데에 큰 역할을 감당했습니다. 「사상계」와 「기독교사상」은 젊은이들에게 큰 감동을 주어 4월 혁명의 원동력을 제공하는 기반이 되었다고 해도 과언이 아닙니다. 고신파(高神派)의 보수적인 틀을 벗어나지 못했던 필자에게도 이 두 잡지뿐만 아니라 함석헌 선생의 강의나 선생의 강의와 글은 냉전적 세계관과 근본주의적 보수 신앙을 극복하는 데에 큰 도움이 되었고, 신학과 종교학의 인문 사회과학으로서의 사회적 책임을 새롭게 인식하게 되었습니다.

지명관 선생께서는 1960년대에 덕성여대 교수와 「사상계」 주간으로 학계와 언론계에서 두루 활동하면서 민주화와 통일의 문제를 안고 활동하다가 1972년 박정희의 장기 독재 프로젝트인 '유신'이 박두하자 그 직전에 도일(渡日), 그곳에서 한국의 민주화와 통일 문제를 부여잡고 싸우다가 1990년 전후하여 귀국, 새로운 활동에 나서게 되었습니다.

필자는 선생의 재일 기간에 두어 번 도일하여 선생을 뵌 적이 있습니다. 1990년 전후로 기억되지만 도쿄(東京)에서 일본의 한국 침략을 반성하는 한일기독교회의 모임이 있어 필자도 참석, 강연도 하고 토론에 임한 적도 있었습니다. 당시 머물렀던 '도미사카(富坂)그리스도교센터'에는 박성준 교수·한명숙 전 총리 부부가 체류하고 있어서 도움을 받았습니다. 한일 관련 모임에서는 사와 마사히코(澤正彦) 목사의 부친이 이미 작고한 아들을 대신하여 참석하고, 일본의 한국 침략을 반성하는 감격적인 발언도 했었는데 그런 자리에서 지명관 선생을 뵐 수 있었습니다.

지명관 선생은 일본에 체류하는 동안 한국의 민주화운동을 세계에 알리는 전령과 같은 역할을 감당했습니다. 당시 한국과 세계를 향해 한국의 사태와 관련된 전령 역할을 한 가장 중요한 것이 「세카이(世界)」지를 통해 발표된 "한국으로부터의 통신 ─ TK생의 편지"였습니다. 뒷날 이 '통신'의 저자가 선생님이라는 것이 알려지면서, 침묵이 강요되던 저 암흑의 시기에 선생께서는 해외에서나마 한국의 상황을 정확하게 알리는 전령 역할을 했던 것입니다. 유신·신군부 정권이 그렇게 감추려고 했던 독재 파쇼의 정황이 이 '통신'을 통해 국내와 세계에 알려졌습니다. 한국 민주화운동의 열혈을 정제된 글로 정확하게 전달했던 이 통신은 군부의 폭정 속에서도 한국 민주화운동이 살아 숨 쉬고 있음을 알림으로 뒷날 군정을 종식시키고 민주화에 이르게 되는 가교의 역할을 감당했던 것입니다. 국내에서 그런 운동이 일어나고 있는 것을 몰랐으나 이 통신을 통해 서로 알게 되었고, 해외에서도 한국의 민주화운동의 실상을 이해하게 되었습니다. 필자는 지명관 선생이 2003년 "한국으로부터의 통신"의 필자가 자신임을 밝히는 현장에 있었습니다.

이와 관련하여 또 하나 밝히는 것이 좋겠습니다. 이미 언급한 바와 같이, 유신·신군부 시기에는 당국의 엄격한 통제로 국내에서 일어나고 있는 민주·통일 운동이 일반 국민에게 잘 알려지지 않도록 엄격하게 통제했습니다. 그런 상황에서 국내의 이 같은 반군부 반파쇼 운동을 해외에 알려 세계의 호응을 끌어들이는 것은 매우 힘들었습니다. 이때

기독교계를 중심으로 국내에서 일어난 민주화 통일 운동 관련 문건들을 국내에서 발표하기 전에 먼저 해외로 빼돌리는 작업을 했습니다. 해외에서 이를 알고 한국의 민주화운동을 지원하도록 하기 위해서였습니다. 그럴 때 일본은 이런 자료들을 보내고 수집·수장하는 1차적인 거점이 되었습니다. 이곳에서 다시 미주와 유럽으로 보내기도 했습니다. 필자도 몇 번 확인한 바 있는 뉴욕 인터처치센터에 수장된 한국 민주화운동 자료는 뒷날 UCLA로 옮겨졌습니다. 유럽에서는 세계교회협의회 본부가 있는 제네바에 보관되어 있다고 들었습니다.

지명관 선생은 이런 때에 해외에서 한국 민주화운동을 위한 단체들을 조직했을 뿐만 아니라 이런 자료들을 모으고 배분하는 역할에도 관여했습니다. 선생님께서 돌아가셨을 때, '(사)기독교민주화운동재단 회원 일동'이 '생명의 위협을 감수하며 장기간 해외 민주화운동에 헌신'한 선생의 업적을 강조하면서, 고인은 박정희 유신 정권의 폭압 속에서 '재일기독자동지회', '한국문제긴급회의', '기독자민주동지회' 등의 해외 민주화운동을 조직하고 건설하여, 국제 여론을 환기하고 국내 민주화운동을 지원하며 민주화운동 자료를 보관했다고 지적했습니다. 이때 일본 NCC의 자료센터에 축적된 한국 민주화운동 관련 자료는 '기독자민주동지회'의 결정으로 2004년 당시 필자가 위원장으로 있던 국사편찬위원회에 기증해주었습니다. 필자가 위원장으로 재직하면서 세계 각처에 흩어져 있던 한국 민주화운동 자료를 수집하려고 뉴욕과 UCLA 등과 직접 교섭해 보았으나 여의치 않았습니다. 다만 일본에 보관한 귀중한 사료들은 국사편찬위원회에 수집, 전시회도 했는데, 앞으로 귀하게 활용될 것으로 기대합니다.

선생께서 귀국하신 후에는 중요한 행사가 있을 때에 가끔 뵐 수 있었습니다. 그러다가 1991년 5월 28일~30일에 뉴욕 스토니포인트에서

'북미기독학자회' 주최로 연례 학술회의가 열렸는데 이때 <기독교와 민족주의>라는 제목으로 남·북한 학자들을 초청했습니다. 그곳에서 다시 선생을 뵙게 되었습니다. 그 모임에는 북에서 여덟 분(한시해, 이성봉, 고기준, 박승덕, 김구식, 노철수, 최옥희, 김혜숙)이, 남측에서도 여러 분(박순경, 지명관, 송건호, 노명식, 한완상, 변홍규, 이만열)이 참석하였습니다. 그때 송건호 선생과 지명관 선생 그리고 저는 첫날 저녁에 민족주의에 관해 발표했습니다. 지명관 선생은 <민족주의의 재발견>이란 제목으로 발표하면서, 민족 주의가 갖는 긍정적인 역할과 한계를 균형 있게 언급해 주었습니다. 그 모임에는 북한 교회의 이성봉, 고기준 목사와 최옥희 전도사 그리고 유엔 대표부에서 활동한 한시해 선생도 참석했습니다. 이때 지명관 선생은 일본에서 출발하여 회의 장소에서 우리 일행과 합류했습니다.

이제 이 글을 맺겠습니다. 지명관 선생의 생애는 크게 세 시기로 나눠집니다. 1972년 유신 이전까지로 대학과 언론 기관에서 한국의 통일과 민주화를 위해 지성인으로서 활동하던 시기, 1972년 일본으로 망명하여 해외에서 한국의 민주화를 위해 노력하던 시기, 1990년 전후하여 귀국, 다시 학문의 길에 들어서서 활동하면서 한일 교류를 위해 노력했던 시기로 대별할 수 있습니다. 시기마다 특징은 있겠지만 선생님의 일관된 것은 한국의 민주화와 통일의 문제였고, 만년에는 한일 관계를 정상화하기 위해서는 일본을 제대로 이해해야 한다는 관점에서 일본학의 기초를 놓는 작업을 하셨습니다. 평북 정주 출신으로 김일성대학 1년을 경험한 그는 당시 지식인들이 그랬듯이 민주화를 통한 통일의 길을 모색했던 것으로 보입니다. 그와 관련, 그가 한때 주간으로 있었던 「사상계」 지가 북한 출신 장준하에 의해 창간되었다는 것도 눈여겨볼 대목이라고 생각합니다.

　선생은 종교학을 전공한 학인으로서 신학적인 문제에도 깊이 관여하셨습니다. 그러나 동시대에 활동했던 신학자들인 안병무, 서남동, 현영학 등과는 결을 달리했던 것으로 보입니다. 이들이 한국의 사회 현실을 신학적인 관점에서 풀어보려고 하여 '민중신학'에 이르게 되었다면, 선생은 한국 사회의 현상을 통일과 민주화라는 관점에서 접근하여 이를 종교사회학적인 관점에서 풀어가려고 한 것이 아니었나 생각됩니다. 여기서 그는 지식인과 종교인의 사회 참여를 강조하였습니다. 선생은 1972년 일본으로 망명한 후에 한국의 유신·신군부의 폭정을 좀 더 객관적으로 볼 수 있게 되었고, 이것이 「세계(世界)」지에 "TK생의 편지 - 한국으로부터의 통신"으로 나타났습니다. 선생이 남긴 업적 중 중요한 것은 귀국하여 한림대 석좌교수로서 일본연구소를 창설하고 일본학 연구를 개척하다시피 했다는 것입니다. 해방 후 적대 의식에 사로잡혀 좀처럼 뿌리내리기 힘들었던 일본학이 한국에 뿌리내리게 된 데는, 통일과 민주화를 대전제로 하여 민족주의적인 관점을 벗어나지 않았던 선생이 일본학 연구를 선구적으로 수행하게 되었던 것과도 무관하지 않았을 것으로 생각됩니다.

한일여성연대의 문을 연 '작은 승리'

고토 마사코
('헌법행각의 모임' 회원, 전 도이 타카코 중의원의장 비서)

　지명관 선생님이 쓴 "한국으로부터의 통신" 기사가 한일여성연대의 '가교'를 만드는 계기가 되었음을 다시 확인하며, 선생님께 진심으로 감사드리고 싶습니다.

　그 내용은 「세계」 1974년 3월호에 기록되어 있습니다. 'TK생'에 의한 "한국으로부터의 통신"은 박정희 정권의 친일 정책 아래 한국 진출의 일본 기업 기술자와 한국인 노동자의 충돌이 잇따르는 가운데 '작은 승리'가 있었다고 다음과 같이 말합니다.

　"이런 가운데 하나 마음이 따뜻해지는 일이 있다. 12월 19일 오후, 이화여대의 학생 한 10명이 김포 공항에서 '기생관광' 반대 시위를 했다. 그녀들의 어필에는 다음과 같은 말이 포함되어 있다. '정신은 부패하고 도덕은 타락하는데 달러를 긁어서 무엇을 한다는 것인가', '우리 조국을 일본 남성의 유곽 지대로 만드는 매춘 관광을 중지하라.' 감사하고 싶은 것은 이런 시위가 바로 일본의 여성들에 의해서도 다루어진 것이다. 도

쿄 하네다에서도 반대 시위가 있었다고 한다. 여기에 일종의 공동투쟁
이 실현된 것이다."

"통신"은 이어 한국 정부가 이러한 사태를 맞아 치안 당국이 여행사
등에게 '관광 행정부조리'의 엄중 단속을 명하며 관광업자들도 "기생파티
알선 등을 자숙한다"고 답했다고 지적했습니다. 그리고 "이것은 한일공동
투쟁에 의한 하나의 작은 승리라고 생각해도 좋을 것"이라고 말했습니다.

실은 이때 이화여대생의 항의 행동에 호응해 일주일도 지나지 않는
12월 25일(1973년)에 하네다공항에서 '기생 관광에 반대하는 여자들의
모임'으로 모여 시위를 한 일본 여성 중 한 명이 저였습니다. 이날 공항은
한일 각료회의에 참석하는 한국 각료를 맞이하기 위해 엄격한 경계
태세가 벌어지고 있었기 때문에 발각되지 않으려고 참가자 모두가 멋지게
차려입고 마치 여행자를 가장하여 우리끼리의 신호에 따라 일제히 삐라를
뿌렸습니다. 그 삐라에는 "옛날에는 철포, 지금은 지폐", "부끄러움을
알고, 기생 목적의 관광단" 등이라고 썼습니다.

지 선생님이 이 기사에서도 쓴 대로 일본의 경제 원조를 배경으로
급성장하고 강권을 휘두르는 박정권에 대한 "반박 즉 반일, 반일 즉
반박"의 슬로건은 한국의 민주화운동 에너지로 더욱 기세를 올렸고,
이윽고 그것은 군사 독재정권을 타도하는 힘이 되었습니다.

지 선생님은 '작은 승리'로 여겨졌지만 '기생관광 반대'에서 공동투쟁
한 한일여성연대는 한국 민주화에 대한 문을 여는 기폭제가 되어 아시아
여성운동의 씨앗을 뿌렸다고 확신하고 있습니다. 저는 이 데모를 계기로
'기생 관광'이 횡행하고 있던 타이완, 필리핀, 태국, 인도네시아를 돌며
그 실태를 찾아내었습니다. 마닐라에는 마츠이 야요리 씨와 히로타 시즈에

씨 또 방콕과 자카르타에는 우츠미 아이코 씨, 무라이 요시노리 씨 등과 동행했습니다. '기생 관광 반대'는 '한일'에 그치지 않고 아시아 여성의 연대를 넓히는 조류가 되었습니다.

이 조사의 여행으로 아시아 각지의 여성들의 생활 실태, 그 배경 등을 배울 수 있었습니다. 1977년 3월 1일, 3.1운동의 기념일에 마츠이 야요리 씨, 야마구치 아키코 씨, 도미야마 다에코 씨 등과 '아시아의 여성들의 모임'을 시작했습니다. 그 회보 「아시아와 여성해방」 제2호에서는 아시아의 여성들에게 분단을 가져오는 일본의 매춘 관광을 고발하는 특집을 꾸몄습니다. 이러한 여성들의 연대운동은 마침내 1995년의 '아시아 여성자료센터'의 설립, 나아가 위안부 문제의 핵심을 찌른 2000년 '여성국제전범법정'으로 열매를 맺었다고 할 수 있습니다.

저 자신은 도이 타카코 씨가 1969년 12월의 총선거로 중의원 의원에 당선하자 비서를 부탁받아 그 임무에 관련해서도 한반도 문제에 힘을 쏟았습니다. 한국의 군사정권하의 엄격한 출입국 관리에 고민하는 분들을 그늘에서 지지해 왔습니다(지 선생님의 자신에게도 관련되는 일이었습니다). 가혹한 남북분단 상황에서 지 선생님과 저는 "서로를 알고 있기 때문에, 오히려 말을 걸지 않고 모르는 척하는 것", "모르는 얼굴을 하는 것이 제일 좋은 방법"이라고 절실하게 명심하고, 멀리서만 눈으로 인사를 서로 나눌 뿐이라는 '암묵의 양해'가 있었습니다.*지 선생님 자신도

---

* 이 서술의 골자는 당시 지명관 선생은 자신 스스로 조금이라도 자유로운 민주화운동을 이행하기 위해 특히 활동 분야에서 직접적인 인간관계를 조심했다. 이른바 좌익계열로 분류되던 운동가들, 특히 한국 정부는 일본에서 조총련계 분류되는 인사들과의 접촉은 곧 북한이나 공산주의 지지 혐의로 의심하던 시기에 그러한 오해가 가능한 필자와는 실제로는 직접 교류하지 않으며, 암묵적인 활동 지지만 해온 사실, 그 관계를 의미한다. _ 역주

침묵을 지키면서 새싹을 틔운 지 얼마 되지 않은 우리 '한일 · 아시아 여성들의 연대 운동'을 계속 응원해 주신 것입니다. 그 강한 신념과 따뜻한 모습을 떠올릴 때마다 함께 그 시대를 걸어온 역사적 의의를 되돌아볼 수밖에 없습니다. 먼저 돌아가신 저의 동료 — 여성 운동가들은 지금쯤 '작은 승리'를 놓치지 않게 해주신 지 선생님과 마음껏 담소하고 있는 것이 아닐까 합니다.

지명관(池明觀) 선생님을 추모하며

이기호

(한신대학교 교수)

정현종 시인의 시 중에 이런 구절이 있습니다.

"사람이 온다는 건 실은 어마어마한 일이다. 그는 그의 과거와 현재와 그리고 그의 미래와 함께 오기 때문이다. 한 사람의 일생이 오기 때문이다."

제가 말로만 듣던 지명관 선생님을 처음 뵈었던 1993년이 바로 그랬습니다. 1993년은 한국의 민주화 이후, 김영삼 정부가 문민정부라는 이름으로 개혁을 외치던 때입니다. 이때 크리스찬아카데미(현 대화문화아카데미)는 수유리 아카데미하우스에서 대학로 시대를 열기로 하여 지명관 선생님을 계간 대화의 편집인으로 모시고, 또 그때 제네바 WCC에서 귀국한 오재식 선생님을 사회교육원 원장으로 모시며 민주화 이후의 한국 사회를 구상하기 시작했습니다.

지명관 선생님은 한국 문제에만 집중해 있던 우리에게 한일 관계의 중요성은 물론 나아가 동아시아 평화를 위한 지식인의 역할과 시민사회의 연대에 관해 말씀하셨습니다. 역사를 통찰하고 그 책임을 다해야 하는 것이 지식인이며, 지식인이 양심에 따라 움직인다면 국경을 넘어서는

2011년 9월 13일 경기도.
지명관, 오재식, 이기호 부부 동반 모임

새로운 평화의 시대를 열어갈 수 있다는 신념으로 한일 간의 협력을 통해 동북아의 평화를 만들어야 한다는 것이었습니다. 전적으로 새로운 역사의 축이 지명관 선생님의 인생과 함께 우리에게 커다란 울림으로 다가왔습니다. 지 선생님을 만나는 것은 한 개인을 만나는 것이 아니라 그가 살아온 삶은 물론 그의 사상을 함께 만나는 일이었기 때문에 늘 긴장하게 됩니다.

지 선생님의 이러한 신념은 이후 한국과 일본의 지식인들 간에 물꼬를 트는 계기를 만들게 되었습니다. 1995년, 지 선생님이 구상하신 한일심포지엄이 열렸습니다. 단순히 심포지엄이 아니라 이것은 커다란 만남이었고 이후 한일 관계에 한 획을 긋는 지식인들의 연대가 구축되는 신호탄이기도 했습니다. '해방 50년 패전 50년'이라는 제목은 다소 충격이었습니다. 해방은 한반도의 분단 이전 상황이었고 아직 정부를 구성하기 전이어서 무언가를 새롭게 출발할 수 있다는 자유로운 상상력을 자극했습니다.

분단 체제와 한미동맹을 당연하게 받아들였던 우리에게 당시로부터 50년 전 해방은 새로운 영감을 주는 메타포로 다가왔습니다. '패전 50년' 또한 경제 대국 일본의 이미지에서 패전의 이미지를 인정하는 지식인들이 있다는 사실과 패전이 되었는데 평화가 오지 않은 아시아에 다시 의문을 던지기에 충분한 상징으로 다가왔습니다.

지금 돌이켜보면 이것은 단순히 심포지엄이 아니라 한일 간에 새로운 역사를 만들어가는 과정이라고 생각하셨던 것 같습니다. 일본 이와나미서점과 한국 크리스챤아카데미가 각각 한일 지식인들의 허브가 되어 신뢰와 우정을 바탕으로 공동의 미래를 그릴 수 있기를 바라셨습니다. 그래서 이 모임은 2월에는 서울에서 그리고 4월에는 도쿄에서 개최함으로써 양국의 지식인들이 상호 이해를 넓히는 계기를 마련하고자 하였습니다. 이 심포지엄의 부제는 '화해와 미래를 위하여'였습니다.

개회 인사에서 크리스챤아카데미 강원용 원장님은 "이 모임이 미래의 어느 시점에서 되돌아보았을 때, '아 정말 그것이 새로운 역사 창조의 시작이었구나'하는 평가를 받기 바란다"고 하셨고, 이와나미서점의 야스에 료스케 사장님은 "우리가 지금 한편에서는 새로운 국제 정세와 문명의 방향을 주시하면서도 또 한편에서는 황폐한 국토 속에서 맹세한 초심으로 돌아가 근본에서부터 자신을 되묻는 용기 있는 작업을 해야할 것"이며, "그러한 관계에 직면해 있는 우리에게 서울과 도쿄에서 유기적으로 연결되어 행해지는 이 심포지엄은 기필코 우리에게 새로운 빛과 힘을 가져다 줄 것이라고 저는 믿고 있다"고 말씀하셨습니다.

이 모임의 부제는 '화해와 미래를 위하여'입니다. 과거로부터 화해하지 않으면 미래로 나아갈 수 없고, 우리가 가고자 하는 미래가 어떤 미래인지 함께 상상하지 않으면 방향을 잃을 것이라는 두려움이 있었습니다. 그래서 한일 지식인들이 함께 숙고하고 성찰하는 시대를 열어가고자 했던 것입니다.

벌써 이 모임이 열린 지 27년이 지났고 앞으로 23년이 흘러가면 해방 100년, 패전 100년을 맞이할 것입니다. 지명관 선생님의 추도 모임이 다시 역사를 성찰하고 한일 간에 뜻있는 분들이 서로 협력할 수 있는 계기가 되기를 바랍니다. 이런 맥락에서 지 선생님을 다시 회고해 보고자 합니다.

먼저 지 선생님은 그의 저서 제목이 말해주듯 '경계를 넘는 여행자'였다고 생각합니다. "국가가 정의롭지 못하고 국가가 스스로 성찰할 수 있는 능력을 상실한다면 어떻게 할 것인가." 일제강점기에 태어나 분단과 전쟁을 겪고, 군부 독재와 저항하면서 지낸 그의 삶에서 아마도 이 질문은 실존적인 질문이었다고 생각합니다. 국가에 갇히지 않고 지식인과 시민사회가 국가를 변화시킬 수 있어야 한다는 그의 믿음은 언제든지 경계를 넘나들 수 있는 행동하는 자유인으로 일생을 보내게 하는 철학이었다고 생각합니다.

지 선생님은 기본적으로 지식인들은 경계를 넘어설 수 있어야 한다고 생각하셨던 것 같습니다. 한림대학에 계시는 동안에도 한일 간의 지식인 교류를 꾸준히 하셨습니다. 저에게도 은사라 할 수 있는 사카모토 요시카즈 교수님은 전후 동북아에 만들어진 냉전의 틀을 깨야 하고, 국민 국가에서 시민 국가로 나아가야 한다는 말씀을 하셨습니다. 이런 내용은 저에게도 커다란 숙제로 다가왔습니다. 덕분에 지 선생님과 사카모토 선생님을 모시고 다음 세대 지식인들과 한중일 지식 활동가들의 '동아시아평화포럼'을 개최할 수 있었습니다. 2006년의 도쿄, 2008년의 심천, 2010년의

2006 동아시아 평화포럼(일본 도쿄, 10월 8일~9일)에서
왼쪽부터 오재식, 지명관, 이기호

서울로 이어지는 동아시아평화포럼은 이렇게 이어졌습니다. 지 선생님은
일본, 중국, 한국에서 열렸던 이 세 번의 모임에 빠지지 않고 함께 하시며
저희를 격려하셨습니다. 과거와 미래를 이어가는 큰 흐름을 볼 수 있는
통찰과 영감을 주셨고, 덕분에 한일 간의 경계는 물론 세대를 넘어서
함께 공유할 수 있는 공동의 과제와 비전을 함께 모색하는 데 커다란
초석이 되었습니다. 여기에는 이와나미서점의 오카모토 선생님과 니와노
평화재단의 노구찌 선생님의 역할이 매우 중요했습니다.

또한 지 선생님은 '생각하고 행동하는 지식인'의 모범을 보여주셨습니
다. 지 선생님의 강의를 듣거나 대화를 나누면 많은 문학작품과 영화,

2016년 10월 16일 일본 도쿄, 도쿄 돔 앞 식당에서

그리고 사상가들의 이야기가 나옵니다. 지 선생님은 책을 읽거나 영화를 '보는 것'이 아니라 책이든 영화든 '대화'를 나누었구나 하는 것을 느낄 수 있습니다. 왜냐하면 그 내용을 소개하거나 인용하실 때, 이미 본인의 언어로 현재의 문제를 비유하시곤 하셨는데, 그때마다 지 선생님 특유의 미세한 감탄사가 나옵니다. 지 선생님이 먼저 감동을 받으신 것이지요. 아마도 그렇게 사고하고 공감하는 능력이 생각에서 머물지 않고 언제나 행동으로 옮길 수 있는 힘의 원천이 아니었나 생각해 봅니다.

끝으로 지 선생님은 '기독교 지식인으로서 소명의식'을 가지고 계셨습니다. 기독교인이 가질 수 있는 힘은 자기 잘못을 뉘우치고 고해할 수 있는 용기이며, 정의를 위해 헌신할 수 있는 자세라고 생각하셨습니다. 지 선생님이 가지고 계셨던 주요한 키워드를 제 나름으로 해석한다면 자유, 정의, 평화였다고 생각합니다. 어떠한 경우에도 인간의 자유가 억압될 수 없다는 신념과 하나님의 나라에서처럼 정의가 실현되어야 하며 이런 것이 이루어질 때 평화가 온다는 믿음을 가지고 계셨다고 생각합니다. 1950년대의 교직 생활, 1960년대의 사상계 활동, 1970, 1980년대의 민주화운동 그리고 1990년대의 한일 관계 및 동북아 시대를 위한 활동은 모두 그의 일관성을 보여주는 시대의 도전에 대한 응전이었다고 생각합니다.

지식인으로서 지 선생님께 항상 감동을 받는 것은 역사를 기록하는 그의 힘과 자세입니다. 지 선생님은 일기를 쓰셨는데 그것은 현대사의 기록을 넘어 그의 사관과 해석이 들어간 또 하나의 역사입니다. 이 추모글은 지 선생님의 일기 가운데 2013년 11월 26일 자의 말미를 인용하는 것으로 마무리하고자 합니다.

동북아시아에서는 아직은 한쪽에서는 연합을 말하지만 그것은 한갓 구호로 그치고, 더욱 추한 국가주의로 치닫는 것처럼 보인다. 그러니까 그것과는 다른 시민의 움직임이 있어야 한다. 이런 상황을 방치해둔다면 과거와 같은 역사가 되풀이되는 것 아니겠는가. 이것에 저항하는 양식의 움직임이란 어디에서 가능한 것이며, 그것이 이루어 내는 시민 연대란 어떻게 이루어질 것인가. 정말 깊이 생각해야 하겠다.

오키나와의 지명관 선생

다카사토 스즈요
(전 오키나와현 나하 시의원)

　올해 1월 1일 지명관 선생님의 부음을 신문 보도로 알게 된 친구가 전화로 알려 왔습니다. 그 순간 저는 남편에게 어서 알려야 한다고 생각했습니다. 남편은 26년이나 전에 별세했지만, 실은 남편 타카사토 가츠케는 1971년부터 10년간 재단법인 와세다 봉사원의 주사로서 아시아 어학 강좌를 담당했습니다. 당시 한국어 강좌 중급코스 강사를 지명관 선생님께 부탁하고 선생은 기쁘게 그 일을 맡았습니다. 그러나 주위에서는 대학자인 선생님을 어학 강좌의 강사로 청하는 것은 실례가 아닌가라는 목소리도 있었던 것 같았습니다. 그러나 남편 타카사토는 한국어 수강자들이 어학을 통해서라도 지명관 선생님과 만나게 하기를 원한다는 생각이 강하게 있었습니다. 수강생들과의 교류는 매우 깊어졌다고 남편은 말하곤 했습니다. 남편은 그 후 정규직에서 비상근으로 전환하여 도쿄신학대학의 석사 과정에 편입했고, 1981년에 졸업한 후 4월부터는 고향인 오키나와 니시하라교회 목사로 취임했습니다.

　그리고 1984년 1월에 지명관 선생님을 오키나와에 모셨습니다. 6일간의 체재였지만, 남편은 현립박물관, 남부의 격전지 자취, 나하의 공설시장을 포함해 되도록 여러 곳 오키나와 현장을 안내했습니다. 지 선생님은 나하 시장에서 서울 동대문 시장을 기억하셨는지, 체류지 호텔에서 혼자서 이튿날 아침에도 시장에 가서 좋아하시는 문어와 녹두를 사왔다고 기뻐하며 말씀했습니다.

체재 중에 니시하라교회 예배 설교, 남부선교협의회에서의 강연 "지금, 진실에 사는 기쁨", 그리고 오키나와기독교학원대학의 설교를 맡아 주셨습니다. 강연 중에는 한국의 군사독재 정권에 대한 저항에 대해서도 언급하고 소수자가 지닌 역할의 의의를 매우 강력한 메시지로 전해 주셨습니다.

선생님은 도쿄로 돌아와 「복음과 세계」(1984년 4월호)에 "오키나와에서 생각한 것"이라는 글을 발표하였으며, 다음 해 『파국의 시대를 사는 신앙』(신교출판사, 1985)에 그 내용을 추가하였습니다.

"충격 또 충격"이라는 제목으로 오키나와 체험을 다음과 같이 쓰고 있습니다.

"처음 오키나와 방문은 나에게 그때까지 경험한 적이 없는 충격을 주었다. 무지와 함께 혼자서만 다 아는 척한, 분명히 부도덕했다는 것 외에는 더 할 말이 없는 스스로의 태도를 전면적으로 깨뜨려 버렸다. 오키나와를 알지 못한 채, 아니 알려고도 하지 않고, 단지 그곳 교회의 초청에 응하는 마음으로, 오키나와의 사람들에게 말을 걸려고 한 것이었다. 지금까지 어디를 방문해도 이번과 같은 당황스러움은 없었다. 준비한 말이 모두, 몹시 잘못인 것임을, 도착 첫날부터 알아 버렸다. 나는 오키나와를 방문하는 것을 일본의 본토, 이른바 야마토가 있는 지방을 방문하

는 것과는 다르지 않은 심정으로 오키나와 사람들은 일본인의 일부이
며, 오키나와의 역사와 문화는 일본의 역사와 문화의 일부라고 생각하
고, 일반 일본인에게 말하는 단어로 충분하다고 생각했던 것이었다.
그것이 첫날, 여장을 풀고 니시하라교회의 다카사토 가츠케 목사의 안
내로 서둘러 방문한, 오키나와 현립박물관 견학의 순간부터 산산이 무
너져 내리는 것이었다. 오키나와 사람들은 결코 '야마토츄'(오키나와
방언으로 일본 본토 야마토인을 이르는 말 _ 역주)가 아니다. '야마토
츄'의 지배하에 학대를 받고 수탈을 당한 사람들이다. 그 역사와 문화는
결코 '야마토'의 역사와 문화의 일부가 아니다. 오키나와 특유의 소박한
문화가 '야마토'에 의해 파괴되었다. 근대 이후는 그 '야마토'의 근대화
속에 편입되어 종속을 강요당했다. 이렇듯 실로 명백한 사실에 대해서
도 모른 채, 나는 오키나와에 왔다."

이렇게 예리하게 그 느낌을 전해주셨습니다.
　지명관 선생님은 1993년에 한국으로 돌아가 한림대학교 대학원 교수
가 되었습니다. 그리고 부부가 함께 2004년에 오키나와에 오셨습니다.
저는 친구와 함께 지명관 선생님 부부를 맞이해 류큐 요리점에서 대접해
드리고 교류를 깊게 할 수 있었습니다. 선생님은 그 이후에도 한림대학교
대학원의 연구자들과 오키나와의 연구자들과의 공동연구 협정을 맺기
위해 오키나와에 다시 오셨습니다.
　지 선생님과의 만남에 감사드리고 또 선생님을 오키나와에 맞이할
수 있었던 것은 오키나와의 교회로서도 귀중한 기회였기에 감사하고
있습니다.

일본 망명을 결행하신 지명관 선생님을 추모하며

이부영

(자유언론실천재단 이사장)

코로나 역병이 아직 기승을 부리고 있던 2021년 말 지명관 선생님께서 위독하시다는 소식을 듣고 사모님에게 전화를 드렸습니다. 그리고 정월 초하루 운명하셨다는 기별을 들었습니다. 가족끼리 장례를 치르신다고 오지 말라고 하시는 것이었습니다. 97세에 떠나시는 어른을 문상도 못 한다는 현실에 말문이 막혔습니다.

지명관 선생님의 역정을 생각하면 박정희 정권의 3선개헌, 1971년 대선 패배, 유신체제 선포 등 숨 가빴던 반세기 전의 정국이 떠오릅니다. 영구 집권으로 폭주하는 박정권에 맞서 지명관 선생님은 일본 망명을 결행하셨습니다. 덕성여대 교수로 우리 지성의 진지였던 「사상계」의 주간을 역임하시면서 비록 영구독재 아래서도 안정적 생활을 영위하실 수 있었던 지 선생님께서 앞날을 기약할 수 없는 망명길을 택하신 데는 조국의 미래가 그렇게 가는 것을 두고 볼 수 없다는 확신 때문이었을 것입니다. 지 선생님은 도쿄여대 교수로 정착하시면서 기독교 네트워크를 통해 반독재 민주화 투쟁을 벌이는 기반을 구축하셨습니다. 선생님은 일본과 미국, 유럽으로 한국의 민주화운동을 알려 지지와 지원을 불러일으키는 작업을 오재식 선생님들과 연대하여 벌이셨습니다.

지명관 선생님은 이와나미 서점이 발행하는 진보적 종합월간지 「세카이」의 편집인 야스에 료스케 선생의 편집 방침으로 설정된 고정 칼럼 "한국으로부터의 통신"에 한국 민주화운동 관련 소식을 'TK생'이라는 필명으로 집필하셨습니다. 「세카이」 월간지에 지속적으로 게재되는 한국 민주화운동 소식은 전 세계의 관심을 불러일으켰습니다. 지 선생님이 이미 1960년대에 한국의 대표적 지성지 「사상계」의 편집장을 역임하신 저널리스트로서의 경력이 뒷받침되었습니다. 1973~1988년 16년에 이르는 긴 시간 기밀을 유지하면서 소임을 다하셨습니다. 97세를 일기로 소천하신 지 선생님은 1910년대 미주에서 독립운동하시다가 3.1운동을 맞아 험지 상해로 오셨던 도산 안창호 선생을 떠오르게 합니다.

지 선생님는 망명 20년만인 1993년에 귀국하셔서 한림대 석좌교수와 일본학연구소 소장으로 일하셨으며 한국방송공사(KBS) 이사장도 역임하셨습니다.

지 선생님과 니시하라 하루오 전 와세다대 총장, 뒷줄 왼쪽부터 최상용 전 주일대사, 이삼열 아카데미 이사장, 오카모도 아츠시 전 이와나미 서점 사장, 이부영 동아시아평화회의 운영위원장

2020년 서울에서 열린 동아시아평화회의 주최 한일 관계 화상회의와 대화문화아카데미 주최 세미나에도 마지막으로 참석하시어 후학들에게 "더 정진하라"고 격려하셨습니다.

앞줄 왼쪽부터 김영호 전 산자부 장관, 지명관 선생님, 이홍구 전 국무총리, 박상증 원로목사, 백낙청 서울대 명예교수, 이현숙 전 적십자사 부총재, 뒷줄 왼쪽부터 남기정 서울대 교수, 김재신 전 대사, 양미강 전 정대협 사무총장, 최상용 전 주일대사, 이삼열 대화문화아카데미 이사장, 이부영 동아시아 평화회의 운영위원장, 손열 연세대 교수, 박흥규 고려대 교수, 양기호 성공회대 교수

그저 죄송하다는 말과 감사의 마음뿐

이즈카 타쿠야
(일본기독교협의회 동아시아 화해와평화 위원장)

지명관 선생님과의 만남은 내가 1979년 4월에 농촌전도신학교에 입학하고 3학년 때인 1981년에 지 선생님의 수업 "기독교 윤리"를 수강한 것으로 시작되었습니다. '지 선생님에게 사과'란 바로 이 수업에 대해서입니다.

당시의 농촌전도신학교에는 지 선생님을 비롯하여 세키다 히로오 선생님과 아마미야 에이치 선생님과 같은 여러 교수님의 진용이 잘 갖추어져 신학을 진지하게 배우려고 하는 이들에게는 최고의 환경이 갖추어져 있었습니다. 그러나 그것은 "진지하게 신학을 배우려고 한다"는 전치사가 붙은 것으로, 당시의 저는 그 전치사가 부족한 신학생이었다는 것을 고백할 수밖에 없습니다.

"자신의 신학의 현장은 바로 여기다"라고 생각하며 아르바이트에 열심을 내고, "자신이 받고 싶은 수업만 받는다"라는 생각의 하루하루였습니다(지금에 와 생각하면 터무니없는 신학생이었지만). 그런 가운데 지 선생님의 "기독교윤리"는 저에게 있어서 '받고 싶은 수업'이었습니다. 그러나 아르바이트와 병행한다는 것이 참 어려웠습니다. 따라서 수업 내용의 이해도 따라가지 못하고(정말 죄송합니다!), 다만 지 선생님의 부드러운 미소와 '키르케고르'를 말씀하시는 열정 정도가 인상 깊게 남아있습니다. 어쨌든 죄송한 일이지만, 그 뜨거움에 영향을 받고 키르케고르의 전집을 구입하기는 했습니다만, 아직 전부 독파하지 못했습니다. 이번 추모 모임에 저는 일본기독교협의회 동아시아 화해와평화 위원회의 위원장으로서 참가했습니다만, 이 추도문을 쓰는데 앞서 무엇보다도 이전의 잘못을 사과드려야 한다고 생각했습니다(사적인 일을 여기에 쓰는 것을 이해해주시기 바라며). 분명 지 선생님은 빙긋이 웃으며 용서해 주실 것입니다.

1984년 3월에 신학교를 졸업한 후 일본기독교단 류가사키교회에 부임하여 현재에 이르는데, 그 사이에 '한일'의 문제나 한반도의 화해와 평화의 과제에 접할 수 있게 해주셔서 많이 배우기도 했습니다. 한국기독교장로회의 경기중부노회와의 교류로 여러 번 한국을 방문하여 한일의 역사문제와 한국의 민주화 투쟁에 대해 많은 배움을 얻었습니다. 또한 일본기독교협의회의 동아시아 화해와 평화위원회에 합류함으로써 더 많은 배움을 얻는 동시에 한일 문제는 과거의 문제가 아니라 바로 한일의 미래를 개척하는데 필요한 과제이고, 우경화하는 일본에 있어서도 중요한 과제인 것을 생각하게 되었습니다.

2019년 7월 27일부터 8월 1일에 걸쳐 재일대한기독교회 여러분과 함께 조선민주주의인민공화국을 방문할 기회를 얻었습니다. 그 여정 중인 7월 28일에 조선기독교연맹 봉수교회 예배에 참석하여 일본인 참가자 3명이 작성하여 지참한 "조선기독교연맹 여러분께 ㅡ 사죄와 주안에서 화해를 바라면서"라는 문서를 낭독했습니다. 거기에서는 일본이 1910년의 강제 병합 이후 36년에 걸쳐 탄압, 착취, 차별이 자행한일 또 일본의 그리스도인이 그러한 국책에 반대하지 않고 오히려 국책에 협력하여 자신의 보신을 도모한 것을 사과했습니다. 또 7월 31일에는 판문점을 방문해 휴전선을 공화국 측에서 보는 것이 허락되었습니다. 이전에 경기중부노회와의 교류로 방한했을 때 한국 측에서 휴전선상의 '평화와 통일의 집'에 들어간 경험이 있었으므로 북과 남쪽에서 휴전선을 모두 방문한 귀중한 경험을 했습니다. 공화국 쪽 건물의 2층 발코니에서 휴전선을 바라보았을 때, 그 휴전선은 단 5㎝ 넓이인 것을 깨달았습니다. 군사 경계선상으로 본다면 50m에 해당하는 높이 5㎝의 콘크리트선입니다. 어쨌든 쉽게 넘을 수 있는 한 개의 선이, 그러나 강대한 벽이 되어 한반도를 분단하고, 민족을 분단하고 있는 것입니다.

"'높이 5㎝의 벽'을 어떻게 하면 '자유롭게 왕래할 수 있는 선'으로 만들 수 있을까"가 우리에게 있어서 중요한 과제이며, 저에게 있어서는 지 선생님과의 만남에 대한 감사의 응답이라고 생각합니다. 안내를 해 준 공화국의 군인은 정중하고 신사적인 사람이었습니다. 그 부드러움을 매우 애틋하게 느낍니다. 사람과 사람이 서로를 인정하고 받아들일 수 있으면, 거기에서 '화해와 평화'가 움트는 것이라고 생각합니다. 그런 '민중의 관점'으로 생각하는 것을 지 선생님은 우리에게 가르쳐 주신 것이 아닐까 하는 생각을 새롭게 하고 있습니다.

존경하는 참다운 지성인 지명관 선생에 대한 회상과 추모

김성재
(김대중노벨평화상기념관 이사장)

지명관 선생을 내가 처음 만난 것은 지명관 선생이 1969년 봄에 한국신학대학(한신)에 와서 특강을 할 때였습니다. 당시 나는 이 대학 3학년이었는데, 「사상계」를 통해 이 잡지의 주간인 지명관 선생을 잘 알고 존경하고 있었습니다. 이때 지명관 선생은 사회 참여의 신학과 신앙에 대한 특강을 하면서, "민주주의 없는 독재 개발은 국민의 경제 생활을 향상시키는 것이 아니라 국민의 희생을 가중시키는 것"이라고 역설했습니다. 그러면서 '한신' 신학생들이 앞장서서 군사정권에 대항해 민주화 투쟁을 하는 것을 높이 평가하고 격려하면서, "보이는 것은 나타난 것으로 말미암아 된 것이 아니다. 배후의 신이 역사를 움직인다. 역사의 이면에 하나님이 계신다"라는 기독교의 역사관을 일깨워주었습니다.

본래 '한신'은 "기독교 신앙은 개인적 신앙이 아니라 역사 신앙으로서 사회적 책임을 가지는 신앙"이라고 강조한 김재준 목사의 신학과 신앙에 근거해서 설립된 대학입니다. 그리고 '한신'에서 시작된 한국기독교장로회(기장)도 이런 신학과 신앙을 가지고 있었습니다. 그래서 '한신'과 '기장'은 당시 박정희 군사정권의 독재에 앞장서서 투쟁하고 있었는데, 지명관 선생의 "역사를 움직이는 분은 하나님"이라는 강연은 '한신' 신학생들로 하여금 역사와 사회에 더욱 눈을 크게 뜨게 했습니다.

지명관 선생은 박정희 군사 독재를 비판하는 글을 쓰고 강연하다가 1972년 덕성여대 교수에서 해직당한 후 한국 근현대사 연구를 하려고 일본에 갔습니다. 이때 동경에 있던 오재식 선생과 강문규 선생이 지명관 선생에게 유신헌법도 선포되고, 이왕 일본에 나왔으니 이곳에서 한국 민주화운동을 지원하는 일을 하면 좋겠다고 제안하자 지명관 선생은 흔쾌히 동의했습니다. 지명관 선생은 일본기독교협의회(JNCC) 총무 쇼지 목사와 나카지마 목사, 한국기독교교회협의회(KNCC) 총무 김관석 목사 그리고 세계교회협의회(WCC) 국장 박상증 목사 등이 협의해서 마련한 연구비로 도쿄여자대학 철학부 교수로서 이 일을 하게 되었습니다.

지명관 선생은 먼저 한국을 오고 가는 해외 주요 인사들에게 박정희 군사 독재의 실상과 한국 민주화운동의 진실을 알리는 일을 했습니다. 그동안 잘 알려지지 않았지만, 당시 군사정권은 언론 통제만이 아니라 해외 인사들에게 거짓 정보로 회유를 많이 했기 때문에 한국에 오고 가는 해외 주요 인사들에게 박정희 군사 독재와 한국 민주화운동에 대한 진실을 바르게 일깨워주는 일은 매우 중요했습니다.

당시 외국에서 한국에 오려면 항공 스케줄 상 필히 일본 동경을 경유하였습니다. 지명관 선생은 이 기회를 이용해서 일본 동경에 온 해외 인사들을 만나서 이들이 한국에 가기 전에 한국 상황에 대한 진실을 알려주었습니다.

동시에 이 해외 인사들이 한국에 오면 주로 제가 만나서 한국 민주화운동 상황을 알려주고 또 비밀리에 주요한 인사들과 민주화운동을 하는 사람들을 만나게 했습니다. 그리고 이 해외 인사들이 귀국할 때 동경에 가서 지명관 선생에게 한국에서 알게 된 정보를 알려주고, 비밀리에 성명서와 관련 문서들을 전달해주도록 했습니다. 군사정권은 언론을 통제하고 여론을 왜곡시켰기 때문에 당시 민주화운동 관련 성명서나 문서를 가지고 있으면 체포·구속시켰습니다. 그래서 해외 인사들도 이런 자료들을 비밀리에 가지고 나갈 때는 매우 조심했습니다.

이런 해외 인사 중에 대표적인 사람이 돈 오버도퍼(Don Oberdorfer) 기자였습니다. 그는 1968년부터 「워싱턴 포스트」의 국제 문제 전문 기자로 활동하면서 1970년대에 도쿄 지국장으로 군사 독재 치하 한국인들의 민주화 노력과 한반도 문제에 꾸준한 애정과 관심을 가졌습니다. 또 그는 1973년 8월 김대중 전 대통령이 동경에서 중앙정보부 공작으로 납치되었다가 죽음의 고비를 넘어 생환(生還)한 직후 한국에 와서 맨 먼저 김대중 대통령을 인터뷰하기도 했습니다.

후에 돈 오버도프 기자는 미국 존스홉킨스대학 교수로 재직했고, 그가 쓴 『두 개의 한국』(Tow Koreas)이란 책은 한반도 문제를 세계사적으로 새롭게 보는 지평을 열어주었습니다.

이런 과정에서 지명관 선생은 가끔씩 만나는 해외 인사들만이 아니라, 일본과 세계에 박정희 군사 독재 정권의 폭압과 한국 민주화운동의 실상을 지속적으로 알리기 위해서 일본 이와나미(岩波)서점이 발행하는 「세카이」(世界) 잡지에 'TK생(生)'이란 가명으로 한국에서 비밀리에 보내준 민주화운동 소식과 성명서 등을 정리해서 매월 "한국으로부터의 통신"이라는 글을 썼습니다. 이때 야스에 료스케 세카이지 편집장이 적극 협조해 주었습니다. 지명관 선생이 'TK생'이라는 필명의 원저자라는 사실은 2003년 본인이 밝히기 전까지 신뢰하는 몇 사람 외에는 몰랐습니다. 박정희 정권의 중앙정보부에서도 'TK생'을 찾으려고 노력했지만 끝내 찾지 못했습니다.

「세카이」지는 국제 사회만이 아니라 한국 내에서도 언론 탄압으로 민주화운동의 소식을 제대로 알지 못했던 사람들에게 중요한 정보지가 되어 서로 몰래 돌려보았습니다. 군사 당국은 「세카이」지의 국내 반입도 금지하고 보지도 못하게 탄압했습니다.

지명관 선생이 「세카이」지에 처음 쓴 통신 표제는 "비판과 거절"(1973년 5월호 게재)이었습니다. 이글은 1972년 11월 13일에 쓴 것인데, 같은 해 박정희 군사정권이 10월 17일 대통령 특별담화로 "국회를 해산하고, 전국에 비상계엄령을 선포하고, 대학은 휴교하고, 신문과 통신은 사전검열을 받아야 한다"라는 등의 유신체제를 실시한 데 대한 비판이었습니다. 지명관 선생의 "한국으로부터의 통신"은 한국에서 비밀리에 보내준 성명서 등을 단순히 소개한 것이 아니라 이 자료들을 지명관 선생의 역사의식과 사회의식을 반영해서 쓴 글이었습니다.

지명관 선생은 일본 독자들에게 한국 민주화운동의 실상을 알리고 일본 지식인들과 시민사회가 한국의 민주화운동에 연대하는 의식을 갖길 바랐습니다. 동시에 한국 민주화운동을 일본과 국제 사회가 연대하게 했습니다. 그래서 지명관 선생은 일본 아사히신문과 한국의 동아일보 기사를 이 글에 반영하기도 했습니다. 당시 일본 지식인들과 시민사회 인사들은 비판적 정치의식을 표명하지 않았는데, 한국 민주화운동을 직·간접적으로 지원하면서 정치의식과 시민사회 의식을 활성화하게 되었다고 말하기도 했습니다.

지명관 선생이 「세카이」지에 쓴 한국 민주화운동 소식과 성명서 등의 자료는 한국에서 일본으로 비밀리에 보내진 것인데, KNCC가 비밀리에 모아 둔 자료들을 전달하는 데 중요한 역할을 했습니다. 이 역할을 한 사람들은 한국을 오가는 해외 민주 인사들 그리고 캐나다 선교사와 독일 선교사들이었습니다.

특별히 독일 선교사 폴 슈나이스 목사는 이 일에 사명감을 가지고 오랫동안 전달자 역할을 했습니다. 그는 독일 '동아시아선교부'(EMS) 책임자였는데, 한신대 안병무 박사와 가까운 친구이기도 했습니다. 안병무 박사는 1973년 EMS 지원으로 '한국신학연구소'를 설립했는데, 이를 계기로 슈나이스 목사는 자주 한국에 왔습니다. 슈나이스 목사는 EMS 본부 일을 하기 전에 일본에서 선교사 일을 했는데, 이때 일본 여성과 결혼했습니다. 그래서 슈나이스 목사는 한국에 오고 갈 때 언제나 일본에 며칠간 체류하면서 이 역할을 했습니다. 이 과정에서 슈나이스 목사의 역할이 한국 정보부에 포착되어 그는 오랫동안 한국 입국을 하지 못하기도 했습니다. 그러자 슈나이스 목사 부인과 그 아들이 대신 이 역할을 계속했습니다.

저는 1960년대 말부터 민주·민중 운동의 자료와 성명서 등을 비밀리에 수집해서 보관하고 있었는데, 1973년 이후에는 슈나이스 목사를 통해 이 자료들을 일본으로 보냈고, 일본에서도 비밀리에 지명관 선생에게 전달되었습니다. 저는 1976년 3월부터 '기장'이 제적당한 학생들과 해직당한 교수들을 위한 교육 기관으로 설립한 '선교교육원'의 책임연구원으로 재직했습니다. 당시 선교교육원에는 민주화운동을 하다가 제적당한 학생들뿐만이 아니라 노동자, 농민, 도시 빈민 운동 등 민중운동을 하는 사람들도 많이 참여해서 선교교육원은 민주화운동과 민중운동의 요람 역할을 했습니다. 슈나이스 목사와 그 가족들은 한국에 왔을 때 선교교육원에 유숙했는데, 이때 선교교육원에서 진행된 민주·민중운동의 보고와 정보를 직접 보고 듣기도 했고, 제가 비밀리에 수집한 성명서와 자료 등을 주면 그것을 일본으로 가지고 갔습니다.

슈나이스 목사는 한국에서 가져간 성명서와 자료들을 일본 동경에 있는 '도미사카그리스도교센터'(도미사카센터)와 독일 EMS에 보관했습니다. 도미사카센터는 슈나이스 목사가 주선해서 독일 EMS 후원으로 설립된 기관입니다. 그래서 도미사카센터는 한국의 '한국신학연구소'와 자매기관으로 역할을 했습니다.

저는 1996년부터 '한국신학연구소' 이사장의 책임을 맡았는데, 도미사카센터를 방문했다가 그곳에서 슈나이스 목사가 보관해두었던 한국민주화운동 관련 성명서와 자료들을 발견하고 슈나이스 목사에게 연락하여 박상증 목사, 강문규 선생, 오재식 선생 등과 협의해서 이것을 2003년한국에 가져오도록 했습니다. 그래서 슈나이스 목사가 독일에 가지고 있던 것과 미국에 보냈던 성명서 등을 모두 합쳐 총 8만 4천여 건에 36만여 자료를 '국사편찬위원회'에 기증했습니다.

지명관 선생은 「세카이」 지에 "한국으로부터의 통신"을 1973년 5월호부터 1988년 3월호까지 15년간 계속해서 쓰면서 한국 민주화운동을 세계 여론의 중심에 위치하게 하고, 한국 민주화운동에 활력을 주는역할을 크게 했습니다. 지명관 선생이 한 이 일은 한국 민주화운동사에서중요한 공헌으로 높이 평가받고 있습니다.

다음으로 지명관 선생에 대한 회상은 일본 동경의 '도미사카그리스도교센터'와 함께한 일입니다. 도미사카센터는 '역사문제연구회'라는 연구모임을 했는데, 이 연구 모임에는 와다 하루키 동경대 교수, 야스에 료스케 세카이 편집장(후에 이와나미서점 사장), 쇼지 목사, 스즈키 목사(도미사카그리스도교센터장) 등과 함께 지명관 선생도 참여했습니다. 이 연구 모임은 한국 민주화운동을 지원하는 역할을 했습니다.

1990년 봄에 안병무 박사(당시 한국신학연구소 이사장)와 저는 도미사카 센터를 방문해서 '역사문제연구회' 참여 인사들과 함께 한일 관계 발전과 동아시아 평화를 위한 역할에 대해 협의했습니다. 이때 지명관 교수가 동아시아 평화를 위한 지식인 연대의 필요성을 강조하고, 이를 위해 심도 있는 학술회의를 하자는 제안을 하였습니다. 이런 논의 결과 '한국신학연구소'와 '도미사카그리도교센터' 공동 주관으로 한국, 북한, 일본, 중국, 러시아 등 5개국 지식인들이 참여하는 "동아시아 평화를 위한 지식인 연대"라는 학술회의를 1992년부터 격년제로 개최했습니다. 첫 번째는 동경에서, 두 번째는 상해(1994년)에서, 세 번째는 서울(1996년)에서 개최하기로 했습니다. 이 학술회의에는 한국에서 안병무 박사, 지명관 선생, 오재식 선생, 강만길 교수, 최장집 교수, 이종원 교수 등과 제가 참여했고, 일본에서는 와다 하루키 교수, 쇼지 목사, 야스에 료스케 편집장 등이 참여했고, 중국에서는 왕방좌(王邦佐) 상해 사회과학원 주석, 러시아 에서는 코로스(V. G. Khoros) 러시아 사회과학원 교수가 참여했습니다. 북한에서는 1994년 상해 학술회의 때만 박승철 '주체사상연구소' 소장과 5인의 사회과학원 교수가 참여했습니다. 이때는 북한 김일성 주석이 사망한 추도 기간이었는데도 북한 대표들이 참여했습니다.

그리고 1991년 봄에는 안병무 박사와 '한국정신대문제대책협의회'(정 대협) 공동대표인 이효재 교수와 윤정옥 교수 그리고 저(후에 정대협 집행위원 장)는 도미사카센터에 가서 한국정신대(종군위안부) 문제 해결을 위한 협의를 지명관 선생과 '역사문제연구회' 인사들과 함께했습니다. 지명관 선생은 이후에도 앞에 나서지 않고 정신대 할머니들 문제 해결을 위해

와다 하루키 교수 등과 함께 많은 노력을 했습니다.

1998년 5월 김대중 대통령이 일본 대중문화 개방을 선언했을 때, 문화관광부는 이 일을 추진하기 위해서 '한일문화교류정책자문위원회'를 구성하고 지명관 교수를 위원장으로 그리고 저를 간사로 선임했습니다. 당시 김대중 대통령이 일본 대중문화 개방을 선언하자 비판 여론이 들끓었습니다. 왜색 가요가 우리 안방에서 들려오게 되고, 우리 문화 산업은 망하게 되었다는 등의 비판이 언론과 관련 업계로부터 쏟아졌습니다. 지명관 선생도 친일 인사라는 비판을 받았지만, 저희 집 앞에서도 "친일파가 되려면 떠나라"고 하는 현수막을 든 사람들이 몰려오기도 했습니다.

그러나 김대중 대통령은 "우리 민족은 5천 년의 역사를 가진 문화 민족이고, 문화는 바람과 물처럼 필요에 따라 자유롭게 이동하며 만나야 더욱 풍요롭게 발현하게 된다. 그리고 일본에 대한 과거사는 잊지 말되 과거에 매이지 말고 미래로 나아가야 한다. 한국과 일본의 화해는 정책이 중요하지만, 대중문화 교류를 통해 양국 국민 간에 자연스런 교류 협력으로 화해가 이루어지는 것이 더 중요하다"라는 요지의 말과 함께 소신을 가지고 추진하라고 제게 당부했습니다.

지명관 선생은 우리 국민이 가지고 있는 일본에 대한 부정적 감정과 일본인의 한국에 대한 이해와 감정을 잘 헤아려서 이 일을 지혜롭게 추진해야 한다고 했습니다. 그래서 한국의 대중문화 전문가들, 문화 산업 관계자들과 여러 차례 솔직한 대화와 협의를 했고, 일본에 가서도 지식인과 문화 전문가들과 대화 모임을 여러 번 가졌습니다. 이때 일본의 한 학자가 "한국의 대중문화에는 정신이 살아있는데, 일본 대중문화는 상업 문화 중심"이라고 말한 기억이 새롭게 떠오릅니다.

지명관 위원장은 이런 일연의 협의와 연구를 거쳐 김대중 대통령에게 다음과 같이 일본 대중문화를 3차례로 나누어 개방하는 방안을 보고했습니다.

1차 개방(1998년 10월)은 4대 국제영화제(칸느, 베니스, 베를린, 아카데미) 수상작, 한일 공동 제작 영화, 한국 영화에 일본 배우 출연 영화, 일본어 출판 만화, 만화 잡지에 국한해서 허용한다.

2차 개방(1999년 9월) 때는 영화 개방 범위를 확대해서 공인된 국제영화제 수상작, 공연은 2,000석 이하 규모 실내 장소에서, 일본 대중가요를 허용한다.

3차 개방(2000년 6월) 때에는 영상물등급위원회가 인정하는 '12세 관람가', '15세 관람가'를 추가 개방하고, 극장용 애니메이션, 국내에서 상영된 비디오, 실내외 구분 없이 일본 대중가요 공연을 전면 개방하고, 게임물, PC게임물, 온라인 게임물, 업소용 게임물 등을 개방하고, 스포츠, 다큐멘터리, 보도 프로그램 방송도 허용한다.

이런 요지의 보고서를 받은 김대중 대통령은 매우 만족해하면서 지명관 위원장의 노고를 치하하며 계획대로 잘 추진하라고 격려했습니다.

이렇게 일본 대중문화가 개방되었지만, 우려했던 일본 대중문화의 유입 영향은 미미했습니다. 도리어 일본에서 우리나라 대중문화 공연과 드라마가 대성공했고, 이를 계기로 한류 문화가 일본을 통해 전 세계로 퍼져나갔습니다. 일본 대중문화 개방이 한류의 세계화 바람을 일으켰고, 한국의 문화 산업이 국제 경쟁력을 가지고 성장하게 된 것입니다.

무엇보다도 일본 대중문화 개방은 김대중 대통령이 1998년 10월 일본을 국빈 방문했을 때 발표된 "김대중·오부치 한일 파트너십 공동선언"을 통한 한국과 일본 간의 역사적 화해의 신뢰적 기반이 되었습니다.

지명관 선생은 위원장 일을 마친 후에 김대중 대통령의 신뢰를 받아 KBS 이사장(2000-2003) 책임을 맡았습니다. 당시 저는 대통령 정책기획 수석비서관으로 지명관 선생과 남북 화해 협력 그리고 일본과의 관계 발전에 대한 대화를 많이 나누었습니다. 지명관 선생은 김대중 대통령이 일본과 화해 · 협력한 "김대중 · 오부치 한일 파트너십 공동선언"과 북한과 화해 · 협력해서 김정일 국방위원장과 "6.15남북공동선언"을 한 것은 무엇보다도 한국을 국제 사회에 당당한 도덕적 국가가 되게 했고, 한국이 동아시아 평화 공동체를 형성할 수 있는 비전을 제시한 역사적 큰 전환점이 되었다고 높이 평가했습니다.

지명관 선생은 특별히 한국과 일본의 관계 발전에 많은 관심과 노력을 기울였습니다. 2003년에 『한국과 한국인 ― 일본과의 만남을 위하여』라 는 책을 펴냈고, 2004년에는 일본 교토 국제일본문화센터 연구원으로 있으면서 『한 · 일 관계사』를 저술했습니다.

이후 지명관 선생이 2006년에 펴낸 자서전 『경계를 넘는 여행자』와 2008년 12월부터 2014년 10월까지 쓴 일기를 모아 회고록으로 출판한 『한국의 현대사란 무엇인가』(2016)는 개인 삶의 회고를 통해 한국 근현대 사와 현실을 통찰하고 미래를 밝혀주는 내용으로, 참으로 우리 사회 참다운 지성인으로서의 역할을 하였습니다.

저는 지명관 선생이 책을 펴낼 때마다 보내준 그 책을 읽고 많은 대화를 나누었습니다. 2019년 5월 7일 '대화문화아카데미'에서 "여해와 함께 한 나의 삶 ― 종교와 사상을 중심으로"라는 주제로 지명관 선생과 이어령 선생의 대화 모임이 있었는데, 저도 이 대화 모임에 참석했습니다. 이때 지명관 선생은 "일생을 돌아보니 하나님은 역사의 이면에서 길을 준비하고 계셨다"고 체험적 고백의 말을 했습니다. 이때 지명관 선생은 제가 1969년 '한신'에서 처음 들었던 강연 때 한 내용 그대로 '일생을 하나님 중심의 역사관과 신앙을 가지고 진실하게 사셨구나' 하는 감동이 제 마음속에 솟아올랐습니다.

저는 이날 모임 후에 별도로 지명관 선생과 이어령 선생 두 지성인과 차를 마시면서 대화하는 시간을 가졌습니다. 이때 지명관 선생은 제가 이어령 선생을 기독교로 인도했다고 말하기도 했습니다. 우리는 대화하면서 현재 우리나라가 당면한 위기를 염려하면서, 어떻게 해결해 나갈 것인가에 대해 의견을 나누었습니다.

지명관 선생은 "내가 볼 때 지금 한국의 가장 근본적인 위기는 국민이 분열된 것이다. 국민이 정치에 대한 기대를 포기해 버린 것이다. 어떻게 하든지 이 상처가 낫게 치료해야 한다. 김 교수도 민주화운동을 했지만, 민주화운동을 할 때는 반대 세력과 자기 세력에 차이를 둘 수 있다고 생각한다. 그러나 군사정권 때 저항한 민주화 세력이 정권을 잡은 다음에는 국민을 어떻게 통합해야 하느냐를 먼저 신경 써야 한다. 노무현, 문재인 정권의 잘못은 민주화운동 세력 내에서도 파벌을 가르고 심지어 이데올로기 대립까지 하기 때문에 민주화 세력의 존재 의미를 사라지게 하고, 몰락을 자초하고 있다고 생각한다. 김대중 대통령은 자기를 탄압하고 죽이려 했던 모든 정적들을 용서하고 화해했다. 그리고 지역 차별을 넘어 국민 통합을 위해 노력했다. 북한과도 화해 협력하고, 일본과도 화해 협력했다. 김대중 정신을 계승한다는 정치인들이 왜 이런 정신은 외면하고 분열의 정치를 하는지, 참으로 안타깝다"라는 요지의 말을 했습니다. 이어령 선생도 전적으로 공감하는 말을 했습니다.

지명관 선생에 대한 회상과 추모의 글을 쓰면서 민주화 세력 정치인들의 분열 문제만이 아니라, 지성을 잃어버린 재야 지식인들이 정치 파벌

다툼에 편승해 국민 갈등을 증폭시키는 역할을 하고 있는 것이 더 큰 문제라는 생각을 하게 됩니다.

지금 세계는 미국과 중국의 패권 대결, 러시아의 우크라이나 침략 등으로 2차 대전 이후 동서 냉전과는 전혀 다른 군사, 경제 통상, 과학 기술, 에너지, 식량 등을 수단화한 신냉전 상황이 전개되어 우리나라만이 아니라 약소국 국민들이 더 큰 고통을 당하고 있습니다. 그래서 참다운 지성인 지명관 선생을 더욱 그리워하게 됩니다.

두 손 모아 지명관 선생에게 사랑과 존경의 마음을 가지고 회상과 추모의 글을 드립니다.

슈나이스 부부의 공헌을 생각하며

츠지 미노루
(게이센 침례교회,
일본기독교협의회 야스쿠니문제 위원회 위원)

"'TK생'은 바로 접니다." 지명관 선생이 고백했을 때에 솔직히 저는 깜짝 놀랐습니다.

'TK생'의 작성자는 '세상을 떠날 때까지 그 비밀을 가져가는 것이 아닐까' 제 나름대로 생각하고 있었습니다.

지 선생님에게 "왜 무슨 이유로 공개한 것입니까" 질문하고 그 대답을 듣고 싶었는데, 코로나로 인해 끝끝내 방한도 할 수 없게 되어 그 대답도 듣지 못하고 말았습니다. 'TK생'은 분명 지명관 선생님이지 않을까, 지명관 선생밖에 할 수 없는 일이라고 일부에서는 자명한 일로 여겨지기도 했습니다. 그리고 'TK생'은 많은 네트워크로 형성된 복수형이었다고 생각합니다. 지명관 편저라고 생각하고 있습니다. 얼마나 많은 사람이 소식을 실어 나르는 비둘기처럼 한국과 일본을 왕복한 것인지 모릅니다. 그리스도인 인맥, 재일교포 인맥뿐만 아니라 미국이나 캐나다, 독일의 루트 등 다 생각할 수 없는 그물망 같은 시민운동가들의 복잡한 경로를 통해 일본에 정보를 들여온 것입니다. 그야말로 지 선생님 부부의 인품이 만들어낸 인맥의 결과임은 분명합니다.

'한국문제그리스도자긴급회의'의 활동은 더 이를 필요도 없습니다만, 도미사카그리스도교 센터 편 『한일 기독교 관계사 자료 I, II, III』(1984, 1995, 2020)에 기록으로도 남은 그 역사적 의의는 헤아릴 수 없을 만큼 큰 것이라 생각합니다.

폴 슈나이스와 키요코 부부의 헌신적인 일도 잊어서는 안 된다고 생각합니다. 영화 <택시 운전사>를 보았을 때 순간적으로 생각한 것은 영화의 모델인 독일 제1 공영방송의 유르겐 힌츠페터 기자가 처음 무조건 방한해서 이렇게 움직일 수가 없다는 것이었습니다.

저는 1980년대 초에 지인에게 초대를 받아 방한했는데, 그때 외국어 문자를 읽을 수 없다는 것은 무엇을 말하는 것인가를 처음으로 체험했습니다. 지금 서울 등에서는 영어 표기의 가게가 상당히 있고, 지하철 등에서는 친절하게 일본어 안내도 되고 있습니다만, 당시는 어쨌든 한국어밖에 없었습니다. 도대체 무엇을 파는 가게인가. 철도 등 역 이름도 전혀 알 수 없는 상황을 경험했습니다. 독일의 기자가 갑자기 방한해서 영화에서와 같은 활동이 가능하다고는 생각할 수 없습니다. 절대적으로 슈나이스 부부의 도움이 있었을 것이라고 생각했습니다. 한국의 광주 MBC 5.18 광주민주화운동 40주년 특집 다큐멘터리 "우리가 광주였다"에서 슈나이스 씨 부부의 인터뷰가 남아있는 것은 무엇보다 기쁜 일입니다.

어느 집회에서 지 선생님과 이와나미의 야스에 씨를 패널로 초청한 집회가 재일 한국 YMCA에서 개최되었을 때의 일입니다. 집회 참가자 중에서 집요하게 "'TK생'은 지명관 선생입니까"라는 질문이 반복되었습니다.

물론 지명관 선생과 야스에 씨가 응답하지 않았고, 집회는 혼란 속에 끝났습니다만, 분명히 집회 방해를 노린 KCIA를 배후로 한 집회 방해 세력의 행위였다고 생각합니다. 방해한 사람들의 그 이후는 어떻게 되었을까 때때로 생각하기도 했습니다.

또한 사모님 강정숙 부인의 지원이야말로 지 선생님을 지켰다고 생각합니다.

제가 소속된 게이센 침례교회 예배에 선생님 부부가 참석했습니다. 게이센 성가대의 찬양을 각별히 사랑하셨고, 강정숙 부인은 오르간의 연주 봉사를 계속하셨습니다. 어느 때인가 과연 지 선생님 부부가 침례교회에 참석했다는 것은 생각할 수 없다는 이야기가 들렸습니다. 한국의 침례교파, 즉 한국기독교교회협의회에도 참가하지 않고, 꽤 보수적인 입장을 취하고 있는 것으로 인한 생각일 것입니다. 지 선생님 부부는 게이센 침례교회에서 '객원 교인'으로 현재까지 그런 예가 없는 신분으로 출석했습니다.

한일의 우호 관계를 계속 만드는 것이 지명관 선생님 부부에 대한 제 나름의 응답이 되지 않을까 생각합니다.

한국과 일본을 넘어서

신광영
(중앙대학교 명예교수)

　지식인으로 또한 민주화운동가로 지명관 선생님을 알게 된 것은 그다지 오래된 일은 아닙니다.

　1989년 춘천 한림대학교 사회학과에 부임했을 당시 선생님은 일본에 계셨습니다. 오랜 망명 생활을 끝내시고 한국으로 귀국하셔서 1993년에 한림대학교에 부임하셨습니다. 1997년 소장으로 계셨던 한림대학교 일본학연구소가 한국학술진흥재단(현 한국연구재단)의 지원을 받은 '일본지역 연구 프로젝트'에 참여하게 되면서 개인적으로 선생님과 친분을 쌓게 되었습니다.

　1990년대 초까지 지명관 선생님은 한국의 젊은 학생들에게는 잘 알려지지 않은 분이셨습니다. 사상계 주간으로 박정희 군사 독재 체제 반대 운동을 하시다가 1972년 일본으로 망명하셔서 1992년 한국으로 돌아오실 때까지 20년 동안 주로 일본에서 활동하셨기 때문이었습니다. 586세대에게 지명관 선생님은 일본에서 민주화운동을 한 재일 반체제 인사의 한 분 정도로만 알려져 있었습니다. 1973~1988년까지 악명 높은 중앙정보부의 감시를 피해 목숨을 걸고 'TK생'이라는 필자가 일본 지식인 잡지 「세계」에 "한국으로부터의 통신"을 연재하였습니다. 무려 16년 동안 한국의 군사 독재와 이에 대한 저항운동 소식이 「세계」에 연재되었던 것입니다. 중앙정보부는 "한국으로부터의 통신"을 쓰는 TK생을 찾아내려고 혈안이 되었지만, 끝내 찾지 못했습니다. 2003년 TK생이 지명관 선생님이라는 사실이 알려지기 전까지 선생님은 일본 망명 반체제 지식인으로만 알려져 있었습니다.

개인적으로 지명관 선생님과의 인연은 지명관 선생님이 바로 TK생이었다는 사실이 공표되기 6년 전인 1997년에 시작되었습니다. 지명관 선생님이 한림대학교 일본연구소 소장으로 부임하셨고, 한국학술진흥재단의 지원을 받은 '일본지역연구프로젝트'를 주관하시면서 시작되었습니다. 지명관 선생님께서 사회학자의 참여가 필요하다고 참여를 권유하셔서 그 프로젝트에 참여하게 되었습니다. 그 프로젝트는 3년 동안 20명이 넘는 연구자들이 참여하는 대규모 프로젝트로 주로 일본에서 학위를 한 연구자들이 참여하였습니다. '일본지역연구프로젝트'는 3년 동안 일본의 지방인 가나자와, 오이타, 야마가타 세 지역에 대한 연구였습니다. 일본의 대도시가 아니라 지방을 연구하는 프로젝트라 더 관심이 갔습니다. 도쿄나 오사카와 같은 대도시가 아니라 지방을 연구한다는 것은 일본 사회를 보다 심층적으로 이해하는 데 도움이 될 것이라 생각했습니다. 일본은 지역 간 격차가 한국처럼 크지 않은 사회입니다. 한국에서는 수도권과 지방 간의 격차가 극단적인 수준인데, 일본에서는 그다지 심하지 않은 이유를 알고 싶었습니다. 그리고 박사학위 논문에서 조사 자료를 이용하여 미국, 일본과 스웨덴 계급과 불평등을 비교·연구하였기 때문에 직접 일본의 지방을 직접 방문하여 일본 사회를 연구하는 것은 일본을 심층적으로 이해할 수 있는 좋은 기회라고 생각했습니다.

1997년 이시카와현과 가나자와시의 교육과 노동시장의 변화를 연구하였고, 1998년에는 오이타현 사이키 조선소 노조 운동이 보여준 대안적인 노동운동 형태의 하나인 사회운동 노조주의를 연구하였습니다. 1999년에는 일본의 강원도라고 할 수 있는 산간 지역인 야마가타현에서 이루어진 세계화와 세계화에 대한 지역의 대응을 연구하였습니다. '일본 지역연구프로젝트'는 지역 연구의 전형적인 방법인 필드 워크를 중심으로 이루어졌습니다. 해당 지역을 방문하여 1~2주 정도 체류하면서 지역의 연구자, 행정가, 시민단체 활동가들과 만나 인터뷰하고, 현지를 방문하여 구체적인 현실을 답사하는 방식으로 연구가 진행되었습니다.

지명관 선생님은 3년 동안 20명이 넘는 연구자들과 함께 생활하시면서 몸소 일본 지역사회에 대해서 관심을 갖고 연구팀 회의를 주관하셨습니다. 70대 고령임에도 젊은 연구자들(당시 대부분이 40대였음)과 함께 일본 지역사회에 대한 심층적인 이해를 위한 회의를 주관하시고 인터뷰에도 참여하셨습니다. 연구자들의 전공과 관심이 모두 다르기 때문에 연구팀을 운영하는 것도 어려운 일이었지만, 선생님은 연구자들을 독려하고, 인터뷰 섭외도 하시면서 한국의 일본 연구의 수준을 높이기 위하여 고군분투하셨습니다. 돌이켜 보면 선생님은 고령의 나이에도 불구하고 정말로 어려운 일을 하셨다는 생각이 듭니다.

당시 일본에서 이루어진 한국 연구와 비교하면, 한국에서 이루어진 일본 연구는 주로 언어와 문학에 집중되어 있었습니다. 일본의 과거 연구인 일본 역사나 당대 연구라고 할 수 있는 현대 일본의 정치, 경제, 사회와 문화에 대한 연구는 대단히 제한적으로 이루어졌습니다. 일단 일본 연구자 숫자가 절대적으로 적었고, 주로 일본에서 학위를 받은 연구자들만이 일본을 연구했기 때문에 한국 학계에서도 소수집단이었습니다. 이러한 상황에서 일본 지역사회 연구는 획기적인 연구였습니다. 일본 지방 연구를 통해서 일본 사회에 대한 보다 깊이 있는 이해가 가능하다는 점을 일찍부터 강조하셨다는 점에서 한국의 일본 연구 혹은 일본학의 질적 제고에 크게 기여하신 셈입니다. 선생님이 주관하신 '일본 지역연구프로젝트' 이후로 한국에서 이루어지는 일본 연구가 좀 더 분화되고 전문화되는 추세를 보였습니다.

개인적으로 지금도 지명관 선생님께 송구한 마음을 갖게 되는 일화가 있습니다. 1999년 일본 지역 연구 3년 프로젝트를 끝내고, 선생님이 보자고 하셔서 서울의 찻집에서 선생님을 뵐 기회가 있었습니다. 선생님은 일본지역연구 프로젝트에 함께 참여하셨던 고려대학교 국어국문학과 서연호 교수님과 함께 나와 계셨습니다. 그 자리에서 선생님은 조심스럽게 저에게 부탁의 말씀을 하셨습니다. 국내외적으로 급변하는 환경 속에서 과거 60년대 사상계가 했던 역할을 할 수 있는 새로운 지성인 잡지를 만들면 좋겠다는 의견을 말씀하시고, 그 역할을 제가 맡아주면 좋겠다고 하셨습니다. 잡지 출간 비용을 부담할 계획이라는 말씀도 덧붙이셨습니다. 그 당시 주요 계간지나 활자 매체들의 영향력이 급격히 약화되기 시작한 시기였습니다. 그래서 새로운 잡지를 출간하여 그러한 흐름을 바꾸는 것은 대단히 힘들다는 말씀을 드리면서 고사하였습니다.

당시 민주화운동은 정치적 민주화가 진행되면서 과거와 같은 관심을 받지 못했고, 대학 내에서도 학생운동이 급격히 약화되고 있었습니다. 그 대신 시민운동을 포함한 사회운동이 새롭게 대두되고 있었습니다. IMF 외환위기로 인하여 대학생 취업난이 불어닥치면서 학생운동에 대한 관심과 지지가 급격히 약화되었습니다. 또한 국제적으로 동구권의 국가사회주의 체제의 붕괴와 함께 서구에서는 각종 포스트주의(포스트모더니즘, 포스트구조주의, 포스트산업사회론, 정보화사회론 등)가 유행하였습니다. 이러한 상황에서 60년대 사상계와 같이 지성계를 주도하는 역할을 새로운 잡지가 수행할 수 있을 것이라고 기대하는 것은 대단히 비현실적이라고 판단했습니다. 이러한 상황에서 1960년대 대학생과 지식인의 정신적 지주 역할을 했던 사상계의 부활을 꿈꾸는 것은 대단히 어렵다고 판단했던 것입니다. 돌이켜 보면 이 판단은 크게 틀리지 않았다고 생각합니다.

그럼에도 그 당시 아직도 열혈 청년과 같은 지식인이셨던 선생님 소망에 제대로 부응하지 못하여 아직까지도 개인적으로 대단히 송구스러운 마음을 갖고 있습니다. 안타깝게 변해가는 한국 사회를 바라보시면서 뭔가를 해야 한다는 열정에서 새로운 잡지를 생각하셨는데, 적극적으로 호응하지 못해 선생님께 실망을 드린 것 같아서 죄송한 마음을 가지고 있습니다. 선생님이 어떻게 그 연세에도 청년과 같은 열정과 꿈을 갖고 계실 수 있는지를 생각하며, 혹여 지금 내가 너무 나이를 생각해서 지레 많은 것을 포기하는 것은 아닌지 자주 되물으며 선생님을 기리게 됩니다.

남북정상회담의 날에

마에지마 무네도시
(전 일본기독교협의회 총간사)

저는 1986년 4월 JNCC(일본기독교협의회) 총간사로 취임했습니다. 전임자가 쇼지 츠토무 씨, 그 앞이 나카지마 마사아키 씨. JNCC 사무소 안에 '한국문제 그리스도자 긴급회의' 사무소가 있었습니다. 통칭 '칸기리킨'(韓きり緊). 여기서는 한국의 민주화운동에 연대해 '통신'을 내놓고 있었습니다. '칸기리킨'에는 소중한 과제가 있었습니다. 한국으로부터의 자료의 수집입니다. TK생의 "한국으로부터의 통신"의 자료 수집을 의미합니다. 여행자, 교회 관계자, 선교사 등이 한국에서 자료를 옮겼습니다. 일본인뿐만 아니라 외국인도 포함되어 있었습니다. 그것이 무엇인지도 모른 채 자료를 옮긴 사람도 있었습니다. 그만큼 많은 사람이 협조하면서 오랜 세월에 걸쳐(1973~1988, 15년간) 아무도 발각되지 않고 잘 이어진 것에 감개무량할 따름입니다.

당시 "TK생이 누구인가", 흥미진진했지만 물론 극비 사항이었습니다. '칸기리킨' 대표인 나카지마 마사아키 씨는 "알려고 하지 말라"고 했습니다. 신교출판사 사장인 모리오카 이와오는 "TK생은 존재하지 않는다"라고 연막을 피우며 감추고 있었습니다. 지 선생님의 격조 높은 문장에는 감동을 느꼈고 매월 「세계」가 원고를 기다렸습니다. 때때로 눈물을 흘리며 읽은 것을 기억하고 있습니다.

TK생이 자신이라고 공개된 뒤에도 지 선생님과는 가깝게 지냈습니다. 제가 간사이학원대학으로 이적한 것을 계기로 간사이학원대학의 '기독교와 문화연구센터' 강좌에 지 선생님을 초대했습니다. 지 선생님께서 오신 것이 2000년 6월 16일입니다. 정확히 6월 13일부터 15일까지 역사적인 김대중·김정일 '남북정상회담'이 있어 그 시점을 맞추려고 애를 쓴 것이지요.

강연의 시작 부분에서 "만약 마에지마 교수의 초청이 없었다면, 한국에서 이 역사적 사건을 경험할 수 있었지만…"이라고 말씀한 것이 기억됩니다. 강연 내용 중에도 이 남북회담을 언급, 김대중 대통령의 방북을 '선명한 외교'로 평가했습니다. "사회주의 진영이든 자유주의 진영이든 남북의 화해에 찬동할 수 있도록 외부적 장애를 극복해 나가며, 햇볕정책을 이용하여 북과의 관계를 만들어 갔다"고 말씀했습니다.

그리고 김대중 대통령의 "나는 오늘부터 2박 3일 평양을 방문한다. 민족을 사랑하는 뜨거운 생각과 현실을 직시하는 냉정한 사고를 가지고 찾아가겠다"라는 성명을 일본 신문에 인용·소개하고, "정치란 열정과 판단력 두 가지를 구사하면서 경직된 판세에 힘을 주어 차분히 구멍을 뚫고 가는 작업이다"라는 막스 베버의 말을 예로 들어 말씀했습니다. 이에 덧붙여 지 선생은 "현실은 그렇게 쉽지 않다. 지금까지 남북이 적대하고 있던 사이, 세심히 분석을 하고 판단하는 힘과 현실을 직시하는 냉정한 사고를 가지고 (김대중 대통령은) 북을 방문하는 것이다. 남북 간에는 견고한 담장이 가로놓여 있지만, 절망하지 않고 맞닥뜨려 본다. 안 된다면 물러나는 것이 아니라, 차분히 구멍을 뚫고 가는 작업을 해야 한다"라고 말한 것이 인상적이었습니다("동아시아와 일본", 『민중과 하나님과 신들과』, 간사 이학원대학 기독교와 문화연구센터, 2004).

이와 관련하여 기독교의 미션에 관해 이런 말씀도 남겼습니다. "하면 되겠다는 '플러스 시츄에이션'이 아니라, 가능성이라고는 아무것도 보이지 않는 '마이너스 시츄에이션'이야말로 미션의 현장이라고 결단해야 하지 않을까. 그런 싸움에 희망을 걸고 연대하는 것이 신앙적인 실천의 방향이 아닐까"(『파국 시대를 살아 가는 신앙』, 신교출판사, 1985). 저는 이 말씀에 크게 격려를 받아 왔습니다. 이 말씀이 항상 큰 힘이 되어 나름 미션 분야에 종사해 왔다고 생각합니다.

지 선생님과 마지막으로 만난 것은 2003년 9월 한국의 민주화에 협력한 사람들을 한국 민주화기념사업회에서 초대하여 저도 방한했습니다. 그때 지 선생님으로부터 초대를 받아 튀김 요리를 대접받았습니다. 이야기가 지 선생님의 방북 경험에 이르러 선생님의 북한에 대한 실망감, "북한 정권의 통치 현실은 일본 식민지 지배하 때보다도 못하다"라고 말씀했습니다. 복잡한 생각을 하며 튀김 요리를 먹었던 기억납니다.

'한일'을 살아가는 내 삶의 모형이신 선생님

서정민
(메이지가쿠인대학 교수)

저는 일본 도쿄 메이지가쿠인대학(明治学院大学) 교수로 재직하고 있는 서정민(徐正敏)입니다.

저 개인적으로 20대에서부터 현재 60대 중반의 나이에 이르기까지 오랜 세월 '한일'(韓日)의 경계에서 지 선생님의 영향과 가르침을 받은 한 후학으로서, 선생님을 기억하고 추모하는 자리에서 깊은 추모의 마음을 몇 마디 올리고 싶습니다.

저는 연세대학 학부 재학시절 엄혹한 박정희 유신 정권하에서 불우한 학생 시절을 보냈습니다. 그 무렵 일찍이 지 선생님이 주간으로 활약하신 잡지 「사상계」를 탐독하면서 선생님의 큰 존재를 알게 되었습니다.

그 후 여러 과정이 있었지만, 선생님에 대한 많은 이야기는 학부 졸업 후 1980년대 대학원 시절 저와 같은 연세대학교 대학원에 유학한 구라타 마사히코(蔵田雅彦) 선생과 당시 일시 한국 체류 중에 자주 뵈었던 사와 마사히코(澤正彦) 선생을 통해서였습니다. 물론 그때 지 선생님께서는 도쿄에서 활동하실 때입니다. 바로 이 무렵 제가 비교적 늦은 일본 유학을 결심하게 된 데에는 선생님의 사상, 한일 간의 활동 등이 음으로 양으로 큰 영향을 미쳤습니다.

제가 선생님을 처음 직접 뵙게 된 것은 일본 도시샤(同志社)대학에 유학한 해인 1989년, 그해 12월이었습니다. 당시 애석하게 일찍 세상을 떠난 사와 마사히코 선생의 제1주기를 기념하는 한일컨퍼런스를 도미사카(富坂) 그리스도교센터에서 지 선생님이 중심이 되어 준비 중일 때입니다. 한국의 참가자들과의 연락 책임을 맡은 저와 구라타 마사히코 선생이 도미사카 센터에서 선생님을 뵈었습니다. 처음 만남부터 선생님은 학문적으로, 삶과 인품으로 저에게 큰 영향을 주었습니다.

그 후 1990년대 초중반 저도 유학 생활을 마치고 귀국하였고, 선생님도 도쿄 생활을 정리하고 한국으로 귀국하여 한림대학교 교수 그리고 한국방송공사(KBS) 이사장 등으로 활동하실 때, 직·간접적으로 선생님을 뵙고, 가르침을 받을 수 있었습니다.

특히 제가 한일 그리스도교 관계사를 연구 테마로 설정하고, 2000년부터 모교인 연세대학교 교수로 재직하기 시작하면서는 구체적인 주제에서 선생님께 학문적 영향을 더욱 크게 받기에 이르렀습니다. 제가 관계하던 '한국기독교역사연구소'에서 지 선생님과 오재식(吳在植) 선생님을 직접 모시고, "1973년의 한국그리스도교인선언"의 도쿄 작성 경위에 대한 장시간에 걸친 증언 대담을, 제가 사회를 맡아 진행하기도 했습니다. 이 시기 제 한일 관계 연구의 큰 자료적 기반은 지 선생님이 중심이 되어 도미사카 그리스도교센터에서 편집한 "한일그리스도교 관계사 자료 1, 2권"이었습니다. 최근에는 그 3권이 간행되기도 했습니다.

2012년 저는 소속을 한국의 연세대학교에서 현재의 일본 메이지가쿠인대학으로 옮겼고, 바로 그해 봄, 지 선생님께서는 미국 체류를 위해 출발하시기 전 도쿄 시나노마치(信濃町)교회에서 강연회를 개최하였습니다. 물론 강연회에 참가하여 인사를 드린 저에게 지 선생님은 빙긋이 웃으시며, "아니 서 교수, 왜 나 따라 하고 그러나…, 아무튼 도쿄살이 잘 해보시게…." 사실 아닌 게 아니라 제가 도쿄의 메이지가쿠인대학 소속으로 학문과 교육의 장을 옮기게 된 데에는 역시 선생님의 삶과 그 흔적이 큰 바탕이 된 사실을 숨길 수 없습니다. 저를 도쿄로 인도한 저의 일본 친구들도 나중 고백하기를, 전혀 경우는 다를지 모르지만, '리틀 지명관'을 생각하며 저의 도쿄 안착을 주선했다고도 말하곤 했습니다.

그 후로도 선생님은 다시 미국에서 한국으로 생활 근거를 옮기시며 도쿄에서 수차례 강연회 등의 모임을 가지셨습니다. 그중 2015년 6월에는 제가 소장으로 봉직하던 메이지가쿠인대학 그리스도교연구소 초청 강연회로 선생님을 모셨습니다. 선생님의 신앙, 학문, 투쟁, 삶의 에센스를 진솔하게 말씀하신 강연은 저 자신을 비롯한 많은 이들에게 감동을 주었습니다. 특히 그날 강연 말미에 선생님은 "내가 일본에서 활동하던 1970~1980년대의 도쿄는 한일 그리스도인 간의 우정과 연대로 인해 선한 기운이 움트는 시절이었다. 당시 도쿄는 아시아의 파리와 같았다"라는 말씀으로 한일 간, 특히 그리스도교인들의 우정에 대한 아름다운 추억과 희망을 말씀하셨습니다.

그날 강연회 이후의 회식 자리에서 선생님은 저에게도 별도로 말씀을 해주셨습니다. "내가 20여 년 일본에서 활동하고, 나름 보람 있는 한일의 시대, 한일의 경계를 산 것은 내가 나의 능력으로 산 것이 아니라, 오직 한일 간에 강물처럼 흐르는 우정의 물결 위에 작은 배처럼 일렁거린 것에 지나지 않다"라고 말씀했습니다. 저는 지금도 한일의 경계에 서서, 특히 한일 간의 어려운 시기를 살아가면서 한시도 선생님의 그 말씀을 잊지 않고 되뇌고 있습니다. 저 또한 그 한일 우정의 강물 위에 작은 배 한 척으로 흘러가는데, 단지 그 물살이 좀 거칠 뿐이라고 말입니다.

제가 선생님으로부터 받은 영향은 크게 세 부분입니다.

첫째는 학문적 영향입니다. 선생님의 학문적 관심, 그 풍부한 독서와 인접 학문과의 교섭, 구체적으로 한일 관계사의 자료 정리와 편찬, 후학들에 대한 연구 환경의 조성에 큰 수혜자가 된 것입니다.

둘째는 부당한 권력, 독재, 반민주, 반인권의 역사에서 행동하는 지성으로 타협하지 않는 학자요, 교육자로서의 실천이며, 그것을 또한 한일의 젊은이들에게 끊임없이 가르치고, 일깨운 태도를 배우는 일이었습니다.

셋째는 더욱 직접적으로, 물론 시대와 환경과 조건은 다르지만, 한일의 경계에서 직접 살아가는 삶의 모형으로서 저에게 영향을 주셨습니다. 그것은 저에게 어느 힘보다 강한 힘으로 새로운 시대의 '한일'을 살아내는 에너지로서 지금도 살아 힘을 더해 주시고 계십니다.

지 선생님이 돌아가시기 수개월 전 저에게 하신 부탁 아닌 명령이 있었습니다. 한일 양국이 모두 기억해야 할 화가 토미야마 디에코(富山妙子) 상수(백세) 기념 특집호인 도쿄대학 동양문화연구소의 「동양문화」(101호)에 대한 서평을 써서 한국의 잡지 「기독교사상」에 게재하라는 말씀이었습니다. 물론 부족하지만, 그대로 원고를 써 수록했습니다.

올해 2022년 제가 메이지가쿠인대학 연구안식년을 맞아 한국에 체류하면서 연구년 논문 주제로 선생님이 중심이 되셨던 "1973년 한국그리스도인선언의 역사적 의의"에 대해 지금 논문을 준비하는 중입니다. 이를 핑계로라도 선생님을 다시 뵙고자 했으나 이는 실행이 어렵게 되었습니다.

그리고 지난해 2021년 12월 저는 일본에서 한일의 경계를 살아가며, 써 내려간 에세이를 모아 단행본으로 출판했습니다. 그 책의 제목이

"도쿄로부터의 통신"입니다. 이는 전적으로 선생님의 역사적 문서인 TK생의 "한국으로부터의 통신"을 패러디한 제목입니다. 이 책을 들고 선생님을 뵙고, 제목을 표절한 것을 고백하고, 책의 일부라도 읽어 드리려 한 저의 계획도 실행을 못하게 되었습니다. 그래서 더욱 가슴이 아픕니다.

선생님의 영원한 평화를 빌며, 선생님을 기억하며 그리워할 한일의 모든 동지, 특히 일본의 여러분께 마음으로부터 슬픔과 감사를 전합니다.

'제국'의 바위를 뚫는 싸움
— 한일 시민연대에 미래를 맡기다

오다가와 코우
(전 「아사히신문」 서울지국장, 편집위원)

"일본에서는 좀 더 민중의 입장에서 역사를 파헤치고, 그것을 전해 나
가는 것이 중요합니다."

지명관 선생님으로부터 이런 말씀을 들은 것은 「아사히신문」에서
정년 퇴직한 후 해야 할 일을 모색하고 있을 때였습니다. 선생님은 "조선을
식민지 지배하는 가운데 일본의 언론이 무엇을 했는지 조사해 보지 않겠습
니까"라고 말씀하셨습니다. 주한 피폭자의 증언을 취재해 서울특파원으로
서 한일 관계사의 어두운 부분을 엿볼 수 있었던 저에게는 사명감을
불러일으킨 말씀이었고, 곧 "그렇게 하겠습니다"라고 답했습니다.

한림대학 일본학연구소에서 체류 자격을 마련해 주었고, 국제교류기
금의 지원으로 약 1년간 한국에 머물며 국회도서관에서의 사료 찾기나
한국언론사 연구자에게 도움을 받아 썼던 논문이 "식민지 조선의 미디어
에 드러난 일본 및 일본인"(「한림일본학」 제9집, 2004)입니다. 이 소논문은

나아가 일본 패전 전후의 일본과 한반도 사람들이 서로 마주하는 방법과 교류를 파헤치는 것으로, 21세기의 한일 시민 간의 본연의 자세를 찾는 단서를 제공하고 또 지 선생님이 제창한 "패배를 끌어안고"의 한국판에서 꼭 필요한 사료를 뒷받침할 것이라는 말로 끝을 맺었습니다.

민중사를 중시한 선생님의 가슴 속에는 '제국'과의 싸움이 있었다고 생각합니다. 대일본제국의 식민지 지배하에서 태어나 해방 후 스탈린의 소련이 보낸 김일성의 통치를 거부하고 남쪽으로 피난합니다. 공산주의를 내건 또 다른 '제국'에 의한 압정에 대한 거부였습니다. 이윽고 한국에서 박정희 독재 정권의 박해를 받아 일본에 '망명', 15년간에 이르는 "한국으로부터의 통신"은 '제국의 암반, 곧 바위벽'에 도전하는 지식인, 종교가, 시민이 연대해 정으로 구멍을 뚫는 싸움이기도 했을 것입니다. 선생님은 더 나아가 "70년대부터 80년대에 걸쳐 한국과 일본의 시민 사이에서 서로 돕는 시대를 처음으로 만들 수 있었다. 일본이 세계의 여러 나라와 한국 시민들과 관계를 형성하여 한국민주화운동을 격려했다"라고 한일 연대의 성과를 높이 평가하고 있습니다.

그러나 선생님은 「아사히신문」과 「동아일보」가 공동으로 모집한 전후 50년 "한일교류 — 과거를 돌아보며 미래에 대한 제언" 현상 논문의 심사에서 비통한 소감을 말씀했습니다. 일본 사회가 재일 한국 · 조선인을 향한 생생한 차별 사례에 대해 "나는 삶에 대한 희망을 잃어버린 것 같은 생각이 들었다" 그리고 "새로운 한일 관계는 이런 인간들의 원죄와의 싸움이 될 것"이라고 하셨습니다(『어른에게의 메시지』, 고려서림, 1995).

선생님은 2003년에 북한을 방문해 굶주린 농민과 소년의 거친 행동을 보고 "일제 통치 당시보다 심하다"고 한탄했습니다. 고향에서 느낀 그 충격과 분노는 상상을 초월합니다.

나타난 형태는 달라도 재일 한국인과 북한의 어려운 현실로부터 받은 통절한 충격을 선생님은 마음속에 거듭해서 "어두운 골짜기의 바닥을 응시"(『어른에게의 메시지』) 하고 있던 것이 아닐까요.

반면에 선생님이 어려운 현실을 바꾸기 위해 때때로 유연한 접근법을 택한 것은 고난의 삶 경험 때문일 것입니다. 김대중 정권에서 일본 문화 개방 정책을 맡은 선생님은 "국민의 '문화 재침략'에 대한 경계를 완화하면서 단계적으로 개방하겠습니다"라며 꾸준한 추진의 수완을 보였습니다. '국제영화제의 입상 작품'을 받아들이는 것을 조건으로 해서 그 제1탄으로 일본 영화 <HANABI>의 한국 내 상영을 실현시킨 것입니다.

이삼열 선생님이 밝혔듯 지 선생님은 '한일 파트너십 공동선언'의 실현에 대해 현실을 직시하고 난제를 푸는 리얼리스트로서의 진지함을 발휘하였습니다.

그만큼 선생님이 한일역사연구촉진공동위원회의 한국 측 좌장으로서 공동연구 논의에서는 "적지 않은 일본 측 위원은 태도가 경직되어 있다"고 실정을 털어놓은 것은 잊지 못할 것입니다. 일본 측의 위에서 내려다보는 태도에 대한 분노였을 것입니다. 역사 공동 연구에서는 '일중'에 비해 '한일'은 성과가 적었는데, 그 배경을 선생님은 날카롭게 지적한 것입니다. 역사에 기인하는 전후 보상 문제와 같이 메이지 시대 이래의 '조선 멸시'를 이어받은 일본 측의 대응이 강경한 것을 선생님은 크게 우려하고 있었다고 생각합니다.

전 종군위안부·전 징용공 문제로 한일 관계가 악화의 일로를 걷는 가운데 선생님은 2020년 7월 25일 오카모토 아츠시 씨들이 중심이 되어 발족한 "한국은 과연 적인가"라는 성명과 관련된 심포지엄의 서울 집회에 참석하셨습니다. 불행히도 온라인 부조화로 직접 발언은 듣지 못했지만,

선생님의 참여는 지금도 참석자의 가슴에 선명한 인상을 남겼습니다.

선생님이 최후까지 일관된 현실변혁의 의지와 한일시민연대에 대한 기대를 계승해 우리는 바위를 뚫는 싸움을 계속해야 한다고 생각합니다.

선생을 기리며

< 추 모 설 교 >

저 멀리 희망을 바라보며

카이노 노부오
(일본기독교단 치요타교회 목사)

바로 그날에 여호와께서 모세에게 말씀하여 이르되 너는 여리고 맞은
편 모압 땅에 있는 아바림 산에 올라가 느보 산에 이르러 내가 이스라엘
자손에게 기업으로 주는 가나안 땅을 바라보라 네 형 아론이 호르 산에
서 죽어 그의 조상에게로 돌아 간 것 같이 너도 올라가는 이 산에서 죽어
네 조상에게로 돌아가리니 이는 너희가 신 광야 가데스의 므리바 물 가
에서 이스라엘 자손 중 네게 범죄하여 애 거룩함을 이스라엘 자손 중에
서 나타내지 아니한 까닭이라 네가 비록 내가 이스라엘 자손에게 주는
땅을 맞은편에서 바라보기는 하려니와 그리로 들어가지는 못하리라 하
시니라(신 32:48-52).

우리 모두가 진심으로 경애했던 지명관 선생님이 서거하신 지 어느덧
반년이 되어 가고 있습니다. 그동안 지 선생님이 안 계신 이 땅에서는

우울한 사건이 잇달아 일어나고 있습니다. 동아시아에서도 홍콩의 민주화 움직임이 봉쇄되고, 미얀마의 민중이 군사정권의 탄압하에 있으며, 지금 우크라이나의 땅에서 격렬한 전쟁이 펼쳐지고 있습니다. 나아가 선생님이 몰두해 온 한일 관계는 해결의 실마리를 찾지 못한 채 꽉 막혀 있는 것 같습니다. 때마침 한국의 정권 교체가 진행되었습니다. 선생님이 계시다면 현재의 이 세계 상황을 어떻게 보시는지 묻고 싶을 정도입니다.

하지만 지명관 선생님은 이 세상에 더 이상 존재하지 않습니다. 우리는 선생님이 없는 현실 속에서 이와 같은 수많은 우울한 사태에 어떻게 대처해야 합니까? 성서의 말씀과 지명관 선생님이 남기신 말을 단서로 삼아 짧게 생각해보고 싶습니다.

방금 읽은 성서 구절은 구약 성서 '신명기'의 끝에 모세가 이스라엘 백성에게 이별을 말하는 텍스트입니다. 출애굽의 위대한 지도자 모세는 40년에 이르는 광야에서 방랑하는 여행을 끝내고 마침내 요르단강에 이르러 약속의 땅을 바라보는 느보산의 정상에 서 있습니다. 그러나 이곳이 모세 자신은 약속의 땅에 들어갈 수 없다고 하나님으로부터 제지당한 곳입니다. 즉, 모세는 약속의 땅을 멀리 바라보며 이스라엘 백성은 여전히 요르단강을 건너 계속해서도 모세 자신은 마침내 거기에 들어갈 수 없었다는 것입니다.

"네가 비록 내가 이스라엘 자손에게 주는 땅을 맞은편에서 바라보기는 하려니와 그리로 들어가지는 못하리라"(신 32:52)라고 기록되어 있습니다.

그것은 마침내 우리 각자의 삶의 한계라고 말할 수 있습니다. 우리는 자신의 미래를 결정할 수 없습니다. 그냥 멀리 더 바라볼 수 있을 뿐입니다. 그것은 우리의 미래가 항상 약속으로서, 희망으로서 더 멀리서 바라보는 것 이외에 없다는 것을 의미하고 있습니다.

뒤돌아보면 출애굽에서 약속의 땅에 이르기까지의 광야 40년의 과정은 실제로는 같은 장소에서 발을 옮겨 밟거나 빙글빙글 같은 곳을 되돌거나 경우에 따라서는 뒤로 거슬러 돌아가기도 하였습니다. 출애굽기나 신명기에 기록된 그 방랑의 여행은 결코 일직선의 행로가 아니었습니다. 실제로 그 여로를 지도로 옮겨보면 갈지자로 나가며 돌아 돌아가는 동선을 보여줍니다. 그러나 그 시행착오의 여정에서 모세와 이스라엘 백성은 항상 약속의 땅을 먼 눈빛으로 멀리 바라보고 있었습니다. 그리고 약속의 땅에 스스로 들어갈 수 없어도 더 멀리서 그 땅을 바라보고 그 희망에 살아왔다고, 성서는 우리에게 전하고 있는 것이 아닐까요?

지명관 선생님이 그 97년에 이르는 생애에 있어서 구체적으로 어떤 큰일을 하였는지에 대해서는 이후 여러분으로부터 증언될 것이라고 생각합니다. 여기서는 저 자신이 선생님으로부터 받은 것을 짧게 소개하기로 하겠습니다.

선생님을 처음 뵈었던 것은 1968년 도쿄 신학대학의 학생 기숙사였습니다. 선생님은 44세, 이 전후부터 일본에서의 어려운 망명 생활이 시작됩니다. 그리고 저는 아직 20살 정도의 젊은 신학생이었습니다. 그 이후 선생님은 일이 있을 때마다 말을 걸어 주셔서 여러 가지 집회나 심포지엄 등에서 몇 번이나 강연을 부탁해 왔습니다. 반세기를 넘는 그 교제 가운데 지금 되돌아보면 선생님은 어떤 어려운 상황이 있어도 항상 희망을 말하고 계셨습니다. 정치나 외교의 난제가 막히는 가운데 독재 정권이나 권력의 횡포에 마음속으로는 분개하면서도 언제나 선생님은 하나님 통치의 신뢰와 희망을, 소망을 계속 이야기하고 있었습니다. 제가 마지막으로 만난 2017년 초에도 마찬가지였습니다.

그 50년 전 1967년에 "제2차 대전하에 있어서의 일본기독교단의 책임에 대한 고백"(이른바 "전쟁책임고백")이 발표되었습니다. 지 선생님에 따르면, 이 "전쟁책임고백"에 근거해 그 후의 일본과 한국의 교회의 교류가 시작되었고, 한국 민주화 투쟁을 지원하는 해외 협력이 시작되었다고 했습니다. 그래서 "전쟁책임고백" 50년을 기억해 출판되는 소책자에, 지 선생님에게도 원고를 부탁한 것입니다. 그 마지막에는 다음과 같이 기록되어 있습니다. 지명관 선생님의 문장을 인용합니다.

"우리 그리스도인들은 현대의 소수자 무리이다. 그러나 1970, 80년대 한국 민주화 투쟁에 있어서 그 소수자가 다수에게 불씨를 붙이고, 함께 나아가게 한 귀중한 역사적 경험을 우리가 가지고 있다. 무엇보다 하나님의 말씀이 소수자를 불러 모아 역사의 전환을 도모하는 기적을 보여 주신 것이 아닐까. 일본의 교회가 반세기 전에 '세계에, 아시아의 여러 나라, 거기에 있는 교회와 형제자매'를 향해 기도했듯이, 또 오늘의 일본과 동북아 그리고 세계의 위기를 극복하기 위해 기도해 주었으면 한다. 거기에 호응하는 동북아의 교회와 사회의 파장이야말로 오늘날의 이 지역의 유일한 희망은 아닐까 생각하는 것이다."

지명관 선생님은 어떤 어려운 상황 속에서도 그 현실을 한 차원 높은 시선으로 바라보면서 항상 하나님의 통치에 대한 신뢰와 희망을 말씀하셨습니다. 남겨진 우리도, 선생님으로부터 받은 평생의 격려에 힘입어, "저 멀리 약속의 땅을 바라보면서" 함께 행진해 나가고 싶습니다. 여기에 모인 모든 사람 위에 주 예수 그리스도께서 항상 함께 계시기를 바랍니다.

기도합시다.

"역사와 이 세계를 통치하는 하나님, 지명관 선생의 서거를 기억해, 그 뜻을 계승하려고 하는 사람들이 여기에 모여 있습니다. 지금 이 세상은 큰 위기 중에 있습니다. 우리는 무력하고, 이 시대에 눈물밖에 다른 것이 없을 뿐입니다. 그러나 이 세상에 진정한 평화를 가져다주시는 주 하나님을 신뢰하고 주께 있는 희망을 높게 바라보며 계속 나아갈 수 있도록 미미하고 약한 우리를 일으키고 당신의 계획을 위해 사용하십시오. 유족 중의 한 사람 한 사람 위에, 특히 강정숙 사모님 위에 주님의 위로가 한량없으시기를 원합니다. 평화의 주 예수 그리스도의 이름으로 기도합니다. 아멘."

2022. 5. 14. 추모 모임 설교

지명관 선생님은 그렇게 떠나가셨다

김경(金耕)

(대화문화아카데미 고문)

    제가 지 선생님을 처음 만나 뵌 것은 1984년 봄, 동경에 갔을 때였습니다. 그 무렵 저는 미국 북가주에서 전자 산업의 메카로 떠오르던 실리콘밸리에서 밥벌이를 하고 있었습니다. 저는 아주 우연한 기회에 전자 회사 간의 대화와 협상을 도와주는 일을 시작하게 되었고, 그중에는 여러 일본 기업이 있었습니다. 그 일본 기업의 임직원들은 성실한 사람들이었지만, 대인관계가 서툴렀고, 특히 타인과의 대화와 협상을 위한 영어 회화 능력이 부족한 편이었습니다. 그 와중에 일본의 잘나가는 유리 회사인 호야(HOYA Corporation)라는 기업이 저의 도움을 필요로 했고, 저를 부사장으로 영입하면서 연수라는 명목으로 1년간 일본으로 초청했습니다. 저의 일본행 소식을 전해 들은 주변의 몇몇 선배들이 일본에 가면 지명관 선생님을 한번 찾아뵈라고 전화번호를 전해주었습니다. 저는 생존 문제를 해결하는 방편으로 자본주의 성장의 새로운 동력으로 날개를 단 전자 산업에 발을 들여놓게 되면서 마음속으로 당당하게 이렇게 자위했습니다. '일단 자본주의 소굴에 직접 뛰어 들어가 보자. 그 종말은 언제 어떻게

2015년 7월 7일 미국으로 가신 이후 잠깐 일본에 오셨을 때 신주쿠공원에서 찍은 사진(사진 출처: 저자 김경 소장)

올 것인지…'

　제가 미국에 처음 발을 들여놓았던 1960년대 말 이래로 서구에서는 히피 운동을 비롯하여 서구 마르크시즘과 실존주의 철학에 대한 관심과 함께 자본주의에 대한 비판 정신이 뜨거웠던 시절이었습니다. 저 역시 이러한 역사적, 지적 상황에 함께 빠져들면서 자본주의에 대항할 수 있는 동력이 무엇인가에 정신력을 집중하게 되었습니다. 그럼에도 밥벌이를 위해 자본주의 소굴에 들어가야만 하는 이중생활을 감내해야 했던 역설적 상황이었습니다. 이 역설은 저를 포함하여 그 시대를 살아가야 하는 수많은 사람의 고뇌였을 것입니다.

　지 선생님은 제가 중·고등학교와 대학 시절, 일간신문과 당시의 유명한 지성 잡지인 「사상계」, 「새벽」 등과 「동아일보」, 「경향신문」 등에 많은 글을 게재하셨던 터였습니다. 당시 저는 10대 소년이었지만 그 글들을 열심히 읽으면서 많은 생각을 할 수 있었습니다. 동경에 도착하자마자 선생님께 전화를 드리고 찾아뵙고 싶다는 말씀을 드리니, "동경 지리도 잘 모르실 텐데 제가 찾아가지요" 하시면서 호텔로 직접 찾아오셔서 처음 뵙게 되었습니다. 저보다 거의 20년 앞서 살아오신 분의 따뜻한 성품과 말씀 한마디 한마디에서 그분 특유의 겸손하심과 인격이 묻어나고 있었습니다. 이 만남은 뜻밖에도 그동안 제 마음과 머릿속에 쌓여왔던 정신적 고독과 상처들을 어루만질 수 있는 소중한 계기가 되었습니다.

일본 체류를 계기로 지명관 선생님과의 만남이 시작되었고, 이후 40여 년간 그 인연이 지속되었습니다. 동경에 1년간 머무는 동안 거의 매주 일요일 오후에는 선생님을 뵙고, 대화도 나눌 수 있어서 나의 내면세계가 날로 풍성해지는 느낌을 가질 수 있었습니다. 보다 깊은 교감이 가능했던 것은 우선 한국의 독재정권에 대한 비판과 분노가 당시 선생님의 '유배' 생활에서 생생하게 전달되었고, 저 역시 하와이 유학 시절부터 내 방식대로 반독재 투쟁에 나섰던 이래로 고국에 돌아갈 수 없었던 상황의 아픔을 공유할 수 있었기 때문입니다. 이 아픔의 공유는 한국에서 이미 많은 사회 경험을 하신 지 선생님과 저 같은 젊은 나이의 유학생 사이의 정신적, 지적 거리를 조금이나마 좁혀줄 수 있는 터전이 되었던 것 같습니다. 그러나 나는 한 선배님을 통해 살아있는 역사를 배우는 심정이었고, 선생님께서는 저와의 대화를 통해 자신의 많은 생각을 정리해가는 과정이 아니었을까 생각합니다.

그런 만남과 대화가 계속되던 어느 날, 우리는 거의 자연스럽게, 「사상계」에 대한 회상에 젖어들었고, 이미 군사정권에 의해 폐간된 「사상계」를 대신할 새로운 지성적인 잡지를 창간한다는 뜻이 모아졌습니다. "우리가 현시점에서 해야 할 일은 무엇이며, 또한 할 수 있는 일은 어떤 것이 있을까" 하고 고민하던 중, 자연스럽게 「사상계」를 닮은 지성적인 잡지를 발간해 보자는 결론에 이르렀습니다. 그 잡지의 이름을 무엇으로 할 것인가를 놓고 고민하던 중에, 하루는 선생님께서 "「역사비판」 어드래" 하셨고 그 자리에서 잡지 이름이 정해졌습니다. 영문 제목은 저의 제의에 따라 *Modern Praxis*로 하기로 했습니다. 'Modern'은 사르트르의 *Modern Times*에서 그리고 'Praxis'는 당시의 세계적인 진보적 지성지, *Praxis International*에서 영감을 받은 것이었습니다. 또한 우리는 공히 자본주의 비판에 프랑크푸르트학파의 비판이론에 심취되어 있었고, 자연적으로 이 학파의 중심인물이었던 아도르노, 호르크하이머, 마르쿠제가 우리의 대화에 등장하곤 했습니다. 게다가 나는 대학원 시절부터 이매뉴얼 월러스틴(Immanuel Wallestine)의 『세계체제론』에도 학문적인 관심을 갖고 있었습니다. 그렇게 하여 탄생하게 된 것이 바로 「역사비판」(*Modern Praxis*)이었고, 1985년 여름 창간호를 냈습니다. 저는 주로 월러스틴 교수나 비판이론학자인 버클리대학의 마틴 제이(Martin Jay) 같은 분들과 대담을 해서 잡지에 싣는 작업을 계속했습니다. 그 후 우리는 많은 재정적인 어려움에도 불구하고 잡지발행을 계속해 나갔습니다.

저는 「역사비판」 발간과 동시에 미국에서 「역사비판 논단」을 시작하였고, 주로 미국에 체류하거나 미국을 방문하는 세계적인 석학, 한국학자, 언론인, 문인들을 초청하여 강연회를 열었습니다. 마침 미국을 방문 중이셨던 함석헌 선생님, 문동환 목사님, 박영숙 민주당 대표 같은 지성인들께서 자리를 빛내주셨고, 물론 지명관 선생님께서도 일부러 오셔서 강연을 해주셨습니다. 「역사비판 논단」은 내가 그 이전부터 샌프란시스코에 살면서 "상항논단"(San Francisco Forum)이라는 모임을 만들고 이끌어가고 있었던 작업의 후속으로 자리매김된 것이었습니다. 이 "상항논단"은 본래 제가 박정희 체제의 군사독재를 1967년, 미국 유학 직후부터 비판해 오면서 한국 정치에 대한 비판 정신이 있는 분들이 방문할 경우 그분들을 초청하여 주기적으로 강연회를 열어오던 중이었습니다. 상항 감리교회(차원태 목사님)와 산호세 감리교회(김고광 목사님)에서 강연 장소를 제공해주셨습니다. 또한 지인들과 함께 로스앤젤레스와 뉴욕에서도 포럼을 열었습니다. "상항논단"은 박정희 정권 이후, 전두환, 노태우 정권이 군사독재를 이어가는 동안 지속되었고, 한국이 소위 민주화되어가는 과정을 지켜보면서, 새로운 시대 정신에 맞게 논단을 지속시켜 나갔습니다. 이는 미국에 유학을 오거나, 이민을 온 많은 한국 사람에게 정신적으로, 또한 지적으로 새로운 삶을 사는데 나름의 방향을 모색하고 제시해보기 위한 모임이었습니다. 이를 위해 미국 각지에 계시는 여러 어른께서도 논단을 지원해주셨기에 이 자리를 빌려 다시 한번 그분들께 정중히 감사의 말씀을 드리고 싶습니다.

일본 체류 이후 저는 회사 운영을 위한다는 명목으로 3개월마다 일본을 방문하면서 지 교수님을 만나 뵙고, 「역사비판」에 관한 의논과 함께, 당시의 한미 관계, 한일 관계, 세계정세 등에 관해 의견을 나눌 수 있게 되었고, 또한 「역사비판」의 사상사적, 정치적 그리고 학문적인 위치를 어떻게 설정하여 나갈 것인가에 관해 심도 있는 대화를 나눌 수 있었습니다. 제가 선생님과 대화를 나누면서 늘 느끼는 것은 선생님의 철학적, 사상적, 역사적 지식뿐만 아니라, 오랜 경험에 의해 학술적인 (Academic) 측면과 언론적인(Journalistic) 측면을 동시에 섭렵하시고, 종합적으로 전개하시는 그 능력에 감탄할 수밖에 없었다는 사실입니다. 한편 저 역시 유학 시절 이전부터, 학문에 관심을 기울이면서 항상 시간, 공간, 인간에 관한 3차원의 연관성을 종합적으로 추구하는 습관을 갖고 있었습니다. 저는 지 선생님과 저 사이를, 스승과 제자 사이가 아닌,

인간적인, 또한 학문적인 선후배 사이라고 생각하면서 다가갔기 때문에 훨씬 많은 대화와 토론이 가능했던 것이 아니었을까 하고 생각합니다.

일본을 방문할 때마다 저녁 시간과 특히 주말에는 거의 예외 없이 사모님과 함께 만나서 식사를 한 후 주로 신주쿠 공원이나 조용한 호텔 커피숍에 앉아 커피를 즐기면서 시사적인 정치 현실에 관하여 많은 이야기를 나누곤 했습니다. 이제 와서 돌이켜보면 제가 모처럼 미국에서 했던 이중생활(밥벌이와 비판 투쟁)의 갈등으로부터 해방되어 고향의 정겨운 친지들을 만나 담소할 수 있었던 정말 즐겁고 의미 있는 시간이었습니다. 이 시간들은 고국에 쉽게 돌아갈 수 없었던 이방인 또는 유배자들 나름의 우국지사적인 고뇌와 그리움, 어두운 현실관 그리고 상상의 자유를 담은 역사관을 새롭게 일깨우는 순간들이었습니다. 이렇게 일본과 미국에서 함께 보낸 10여 년의 시간과 그 공간들 속에 자리했던 그 모습들은 저의 뇌리에 늘 생생하게 살아남았습니다.

1993년 선생님께서는 한국의 민주화가 진행되는 과정에서, 홀연히 귀국을 결심하시고 귀국길에 오르셨습니다. 이는 1972년에 출국을 하신 이후 20여 년 만의 귀국이었습니다. 저는 그때 마음속으로만 선생님의 귀국을 축복해 드리는 일 이외에 할 수 있는 일이 없었습니다. 귀국 직후, 선생님께서는 강원용 목사님께서 창건하신 크리스챤아카데미에서 중책을 맡으셨습니다. 선생님은 20여 년 만에 돌아오신 한국에서 앞으로 어떻게 살아가야 할 것인가를 늘 생각하신다고 전화를 통해 제게 말씀하시곤 했습니다. 또 한편 카(E. H. Carr)의 『역사란 무엇인가』와 같은 책을 한 권 쓰고 싶다고도 하셨습니다. 제가 할 수 있는 일이란 미국과 영국 등 영어권 국가에서 출판되는 서적들 중 선생님께서 필요로 하실 수도 있겠다는 책을 구입에서 보내드리는 일 정도였습니다. 저는 미국에서 사는 동안 시간만 나면 서점에 들러 샌프란시스코에 있는 서점은 물론 인근 버클리대학과 스탠포드대학 주변의 책방들을 모조리 둘러보는 취미와 습관을 갖고 있었습니다. 이러한 서점 순례가 저에게 유일한 기쁨이자 위로가 되었습니다. 그곳에서 혹시 선생님께 필요한 책이나 「역사비판」 발간에 참고가 될 만한 책들을 사서 보내드리곤 했습니다. 책을 받으신 후에는 틀림없이 제게 전화나 편지를 주셨고, 독후감과 함께 자신의 생각을 들려주셨습니다. 이 또한 만남을 대신하는 소중한 교감의 순간들이었습니다.

그러던 어느 날 저 역시 한국을 떠난 지 25년 만에 잠시 고국 땅을 밟을 수 있게 되었습니다. 저는 고국을 떠난 이후 소위 민주화운동에 가담했다는 이유로 귀국을 하지 못하면서 기나긴 세월이 흘렀고, 그 와중에 나의 부모님께서는 작고하셨습니다. 살아 계신 동안 잠시라도 뵙지 못한 채 돌아가신 후에 산소나 찾아가는 것이 무슨 의미가 있겠는가 한탄하면서도 부모님 산소를 뒤늦게 찾아가 그동안 참아왔던 눈물을 쏟아낼 수밖에 없었습니다. 사반세기 만에 어렵게 찾은 고향 땅에서 저는 저 자신도 모르는 또 다른 이방인이 되어 있음을 절감했습니다.

서울로 돌아온 저는 다시 선생님을 만나 뵙고, 현재 하고 계신 일과 앞으로 하고 싶으신 일들에 대해서 많은 대화의 시간을 가졌습니다. 선생님께서 민주화를 위해 바친 유배 시절의 소중한 경험과 남모르게 쌓아온 의지를 이 땅에서 어떻게 풀어낼 것인가의 숙제는 좀처럼 풀기 어려울 것만 같았습니다. 지난한 역사의 아픔은 역사의 기억에서 너무나 빠르게 흘러가 버리는 세상인 듯했습니다. 저 역시 이 세상에서 무엇을 할 수 있을 것인지 망막함에 빠져들 수밖에 없었습니다. 선생님께서는 저의 장래에 대해서도 평소 갖고 계셨던 많은 생각을 말씀해주셨습니다.

더불어 제게 말씀하시기를 "이렇게 말하면 어떻게 생각할지 모르지만, 내 생각에 김 선생은 가급적 현실 정치에는 관여하지 말고, 관조하면서, 그저 깊이 있게 생각하는 사람으로 살아가는 것이 좋을 것 같다"라고 하셨습니다. 그렇지 않아도 같은 생각을 하면서 살아가고 있는 저로서는 오히려 감사하다는 생각이 들었습니다. 미국에서 저의 이중생활의 역설적 모습을 지켜본 한 소설가는 <두 개의 가방을 든 남자>라는 제목으로 저의 꿈꾸었던 투쟁이 결국은 '관조'로 흘러가 버리는 또 다른 역설을 하나의 소설로 펴내기도 했습니다. 그러면서도 한편 선생님과 저의 꿈은, 어떻게 하면 「역사비판」을 옛날의 「사상계」에 버금가는 지성지로 만들어갈 수 있을 것인가에 관한 고뇌로 대화를 이어가곤 했습니다. 그럼에도 결국 「역사비판」은 불행히 1996년 15호를 끝으로 종간할 수밖에 없었습니다.

지금 생각해도 선생님께서 그렇게 뜨거운 관심과 열정을 갖고 저와의 대화에 임해주신 것에 늘 감사한 마음을 갖고 살아가고 있습니다. 그러나 이제 더 이상 선생님을 뵐 수가 없습니다. 선생님은 그렇게 떠나가셨습니다. 선생님께서 상상하실 수 없었던 세상이 펼쳐지고 있는 세상을 뒤로 하시고…. 선생님을 그리워하는 사람들, 후학들이 존재하겠지만, 우리가 이 시점에서 선생님을 대신해서 할 수 있는 일이 무엇이 있겠습니까?

이런 상황, 이런 시점에서 선생님에 대한 추모집을 발행한다고 하는 그 후학들에게 감사의 말씀을 드립니다.

'TK생'과의 6년 반

야마구치 마리코

(전「세계」편집부)

지명관 선생님을 처음 만난 것은 1978년이었습니다. 야스에 료스케 편집장 시대의 「세계」(이와나미서점)에 1973년부터 1988년까지 "한국으로부터의 통신"이 게재되었습니다. 필자 'TK생'은 군사정권하의 본국에서 보도되지 않았던 민주화운동과 그 탄압 상황을 보고했습니다. 당연히 당시 한국 정부는 눈을 부릅뜨고 추적하였지만, 2003년 지명관 선생님 스스로 자신이 "TK생이었다"라고 밝힐 때까지 그 필자는 밝혀지지 않았습니다.

저는 1978년에 「세계」 편집부로 이동해 곧 야스에 씨에게 불려갔습니다. 지 선생님도 함께 작은 모임에 동석했습니다. 야스에 씨는 점점 얼굴이 알려져 원고나 자료의 전달, 회의 등에 더 눈에 잘 띄지 않는 사람이 필요하다고 생각한 것 같습니다. 그 모임 후 제가 "통신"의 원고의 수취를 담당하게 되었습니다.

당시 「세계」 편집부원은 일곱 명이었습니다. 야스에 씨가 한국 문제에 열심인 오카모토 아츠시 씨 같은 직원을 선택하지 않은 것은 어딘가에서라도 관련되어 일어날지도 모르는 위험을 피하기 위해 또한 그 일의 수행을 위해 열의 있는 젊은 편집자의 행동에 조금이라도 제동을 걸지 않기 위해서였다고 생각합니다.

이후 6년 반, 매월 제가 원고를 받았습니다. 15년의 연재 기간 중 6년 반은 그렇게 긴 기간은 아니었습니다. 하지만 박정희 대통령의 죽음, 1980년 서울의 봄, 광주민주화운동, 1983년 미얀마 양곤 아웅산 사건 등 격동 시대를 관통하는 "통신"과 함께하며 또 선생님의 인품과 사상을 접하는 귀중한 시간이 되었습니다.

'앵커맨'인 지 선생님에게는 한국으로부터의 문서나 전언들이 모였습니다. 선생님은 매월 한국의 신문, 성명문이나 메모를 읽고, 200자 원고지로 50~70장의 원고를 하룻밤에 쓰셨습니다. '고쿠요'(당시 일본의 유명 문구 회사 _ 역주)의 원고용지에 만년필로 쓴 일본어 원고는 책방의 종이봉투나 '일본기독교단 사무국'의 갈색 서류 봉투에 넣어져 있었습니다.

전화는 공중전화로 저희 집으로 걸려 왔습니다. 통화는 어쨌든 아주 짧았습니다. 수화기를 들면 선생님은 밝은 목소리로 "아, 고마워요"라고 말씀하셨습니다. 이어 "그럼, 30분 후에" 혹은 "그럼, 몇 시에"라는 말로 바로 전화는 끊어집니다. 장소는 말씀하지 않습니다.

자택이 와세다 쓰루마키정이었을 때는 에도가와바시 교차로 근처에서 그리고 세타가야의 하네기로 옮기신 후에는 메이다이마에 역의 플랫폼에서 받는 경우가 많았습니다. 딱 한 번 진보초에서 뵀는데, 평소에는 상냥하게 웃는 표정으로 다가오시는 선생님이 전혀 무표정이었던 적이 있었는데, 그때는 그대로 지나쳤습니다만 매우 긴장했던 기억이 있습니다.

받아온 원고는 출장 교정실에서 야스에 씨와 반으로 나누어 다른 원고용지에 필사하여 다시 썼습니다. 필자의 필적을 숨기고, 문장의 특색을 지우기 위해서였습니다.

편집부에서는 '선생님'이 'TK생'을 가리키는 유일한 말이었습니다. 편집부의 누구나 야스에 씨가 경의의 마음을 담아 "선생님"이라고 칭하는 것을 들었습니다만, 아무도 선생님이 누구신지 묻지 않았습니다. 이와나미서점의 미도리카와 도루 사장, 경리나 비서실의 특정한 사람, 그리고 야스에 씨 모두 가족이 있는 분들이지만, 그것을 서로 화제로 한 사람은 없습니다. 가족에게도 말한 적이 없습니다.

저도 슈나이스 선생님, 오재식 선생님 그리고 해외 분들과 만나는 기회가 생기면서 점점 그리스도인 네트워크가 중요한 역할을 하고 있다는 것을 깨닫게 되었습니다만 질문을 하지는 않았습니다. 연결 고리 중 하나를 알고 있다고 해도 더 이상 알고 싶어 하지 않는 것이 사슬 전체를 지킨다는 것을 모두가 이해하고 있었다고 생각합니다.

스스로 밝히신 이후 2003년에 도쿄에서 만나 뵈었을 때, 지 선생님에게 물어본 적이 있습니다. 당시 KCIA(한국중앙정보부)가 어느 정도 필자를 알고 있었을까. "꽤 눈치채고 있었다고 생각하는 사람이 있습니다. KCIA에서 파견되어 일본에 있던 사람, 그는 실은 알고 있었지만 보고하지 않았다고 생각해요. 조직에 대한 충성심이 그리 높지 않았는지 혹은 견고하게 보이는 당시 권력이 뒤집어질 지도 모른다 그렇게 생각하였을지도 모릅니다"라는 대답을 들었습니다.

그러고 보니 진보초에서 야스에 씨와의 회합이 있었을 때 나타난 지 선생님이 "지금 이 일을 아는 KCIA 사람을 만났어요. 가까이서 인사를 하는데, '자' 하며 바로 나랑 멀어져 갑디다"라고 말해 야스에 씨에게 쓴웃음을 짓게 하신 적이 있었습니다. 미행을 주의 깊게 살피고 혹은 때로 양면 작전으로 바꾸어 긴 연재를 계속 써나갈 수 있었다고 생각합니다.

지 선생님과 야스에 씨는 종종 만나 정보 교환, 현상 분석을 하였습니다. 한국으로부터 민주화 세력의 누군가가 일본에 오면 몰래 자리를 마련하였습니다. 오신 분과 지 선생님 두 분을 중심으로 하고 더불어 많은 사람이 함께 만나곤 했습니다. 그래도 야스에 씨는 지 선생님의 망명으로 일본 체류가 길어지는 것에 마음 아파하고, 자주 지 선생님에게 그 말씀을 하기도 했습니다.

저는 1984년에 독일로 이주하기 위해 이와나미서점을 퇴사했습니다. 조용히 도와드리고 조용히 사라지고, 2003년에 조금 남아있던 생생한 원고를 1998년에 죽은 야스에 씨를 대신해서 선생님에게 반환할 수 있었던 일은 다행이었다고 생각합니다.

지명관 선생님의 평안을 기원합니다.

시대적 과제에 충실했던 지식인

이종구

(성공회대학교 명예 교수)

1983년에 도쿄대학으로 유학을 떠난 필자는 4월 어느 날 부활절 예배를 드리려 '재일대한기독교회 카와사키(川崎)교회'에 출석했습니다. 도쿄와 요코하마 사이에 있는 중화학공업 지대인 카와사키의 사쿠라모토(桜本) 지역에 있는 카와사키교회는 재일동포 인권운동의 거점이기도 했습니다. 예배가 끝날 무렵 교회를 찾은 손님을 소개하는 광고가 있었습니다. 이때 책에서만 읽던 지명관 선생의 모습을 처음으로 볼 수 있었습니다. 지 선생은 처음 만난 필자와 기술을 연수하러 온 청년 노동자들에게 점심을 사주면서 격려했습니다. 격동의 시대인 1970년대에 대학을 다닌 필자는 지명관 선생을 철학자이며 사상계를 통해 정론을 펴는 큰 지식인으로만 알고 있었습니다. 실제로 얘기를 나누어보니 소탈하면서도 활력이 넘치는 신사였습니다. 유학 생활을 본격적으로 하면서 자연스럽게 여러 학술 모임에서 만나게 된 지 선생은 투철한 직업의식을 가진 연구자였습니다.

유학을 시작하기 전에 필자는 기독교 민주화운동 진영이 설립한 '한국기독교사회문제연구원'(기사연)에서 활동했습니다. 사실상 최초의 본격적인 민간 연구소인 기사연은 민주화운동에 활용할 수 있는 각종 국내외 자료를 수집, 분석, 배포하는 활동을 했습니다. 국내외 민주화운동을 연결하는 중요한 고리의 하나였던 기사연에서 필자는 일본의 시민운동이 한국의 민주화운동을 지원하고 있다는 사실을 알고 있었습니다. 당시 한국의 군사정권은 수시로 유학생이나 해외동포를 간첩으로 조작해 공포 분위기를 조성하고 있었습니다. 1974년 3월에 민주청년학생총연맹 사건으로 구속된 전력이 있고, 1975년 2월에 석방되었지만 아직 형집행정지 상태였던 필자는 한국 정보기관의 눈길을 의식해 지 선생을 비롯한 민주인사들과 접촉하는 행동을 최대로 삼가야 하는 입장이었습니다. 그러나 해외 민주화운동의 중요 거점인 도쿄의 활동가들은 너무 바빴고, 필자에게도 은밀하게 도움을 요청하는 일이 가끔 발생했습니다. 그러한 일거리는 대부분 한국에서 기독교 네트워크를 통해 비밀리에 반출된 성명서나 구속자 명단을 정리해 영어로 번역하는 간단한 작업이었지만 아무에게나 맡길 수도 없었습니다.

도쿄 와세다역 근처에 있는 일본 기독교협의회 건물에는 한국 민주화운동 자료를 수집, 배포하고 "한국통신"을 발행하는 자료센터가 있었습니다. 이 자료센터에 모인 자료는 해외 기독교 민주화운동의 네트워크를 통해 세계로 퍼져 나갔으며, 지 선생이 「세카이」(世界)지에 장기간 연재한 "한국으로부터의 통신 ― TK생의 편지"의 원자료가 되었습니다. 세카이 지를 비롯한 주변의 지원자들이 철저하게 보호해 한국 중앙정보부는 TK생의 정체를 파악할 수 없었습니다. 그러나 솔직하게 말해 간접적으로 미력이나마 지 선생을 도왔다고 할 수도 없을 정도로 필자가 한 일은 미미했습니다. 오히려 국내에서 학생운동을 경험해 말이 통하는 소수의 유학생과 답답하면 지 선생을 찾아 말씀을 들으며 민폐를 단단히 끼쳤습니다. 젊은 사람들에게 지 선생은 사상계 시절에 목격한 현실 정치의 어려움을 얘기하며 아직 망명 상태인 DJ의 리더십을 높이 평가했습니다. 야당의 실질적 총수인 윤보선 대통령을 찾아가 대국적 견지에서 양보를 요청하는 듣기 싫은 얘기를 하다 보면 어느 틈에 졸고 있더라는 재미있는 일화도 들은 적이 있습니다. 이는 정치자금의 공급자가 리더십을 장악하고 있는 보수 정당의 현실을 생생하게 보여주는 사례이기도 했습니다. 또한 지 선생은 유학생들이 알기 어려운 일본 문화의 특성이나 생활 문화를 소개했으며, 특히 일본인의 철저한 직업 정신을 강조하였습니다.

지 선생은 박정희 정권이 폐간시킨 「사상계」를 해외에서 복간한다는 뜻을 가지고 도쿄에서 한글, 일본어, 영어를 혼용한 계간지 「역사비판」을 창간했습니다. 1987년 가을에는 필자를 포함해 몇 명의 유학생들이 「역사비판」이 기획한 좌담에 참가했습니다. 긴급조치 9호 위반으로 구속된 가톨릭 수사 출신 시인이며, 유학 시절에는 외국인 지문 채취 거부 운동에 동참하고, 귀국해서는 제주도 4·3 사건의 진상 규명을 요구하는 운동을 전개하다가 국보법 위반으로 구속된 김명식(국제기독교대학: ICU), 배재대 한국사 교수를 지낸 다선 의원으로 문재인 정부에서 주일 대사를 역임한 강창일(도쿄대), 동국대 신문방송학 교수를 지낸 김무곤(도쿄대) 등이 참석한 좌담의 논점은 전후 세대인 한국 유학생들이 일본을 보는 시각이었습니다.

그 좌담에서 도출된 결론은 한국과 일본이 진정성을 가지고 상대를 이해하려면 제2차 세계대전이 끝난 이후에 양국에서 진행된 변화를 서로 인정하는 것이 출발점이라는 내용이었습니다. 실제로 해외 거주 한국인들의 상호 이해 수준을 제고하는 것이 「역사비판」의 중요한 편집 방침이었습니다. 재정이 어려운 잡지에 자원봉사한다고 생각하고 있던 좌담 참가자들은 지 선생이 사례비 봉투를 건네자 모두 놀라 사양했습니다. 그러나 지 선생은 사상계 시절부터 기고자에게는 소액이라도 보수를 지불하는 방침을 유지하고 있다며 일행을 설득하였습니다. 1990년 8월 말에 박사학위 논문을 제출하고 귀국한다는 전화를 드렸습니다. 지 선생은 뜻밖에도 당장 신주쿠(新宿)로 오라고 필자를 불러 몇몇 유학생들과 함께 축하하는 자리를 만들었습니다.

아시아게임(1986), 올림픽(1988)이 서울에서 개최되고, 6·29선언(1987) 과 함께 전두환 정권이 퇴진하는 격동 속에서 한국의 대외 개방이 확대되고 해외여행이 자유화되었습니다. 여전히 지 선생은 민주화운동 진영이 시야를 넓게 가지면서 균형감각을 유지하도록 방일하는 인사들에게 국내 에서는 입수하기 어려운 국내외 정세에 대한 자료를 제공하며 설명하는 수고를 아끼지 않았습니다.

지 선생도 1993년에 민주화가 진행되는 한국으로 돌아와 한림대 교수로서 본업에 복귀했습니다. 지 선생이 한림대에 창설한 일본학연구소 는 한국의 학계에서 일본 연구가 본격적으로 추진될 수 있는 중요한 기반 시설이 되었습니다. 학술지 한림일본학(구 한림일본학연구)를 발행하 는 이 연구소는 필드 워크에 기반을 둔 실증적인 일본 연구를 추진하면서 일본을 주제로 한 다수의 외국 문헌을 번역, 소개하는 어려운 작업을 끈기 있게 수행하였으며, 독자적인 연구 성과를 총서로 간행하고 있습니 다. 반일 정서가 무시할 수 없을 정도로 남아있는 한국 대학의 현실에서 일본 연구에 특화된 조직을 설치하고 지속적으로 유지할 수 있는 체제를 갖추는 일은 지난한 과정을 거칠 수밖에 없었습니다. 이는 전적으로 장기간 해외 민주화운동을 지속한 지 선생의 학문적 정열과 리더십의 소산이었으며, 후학들이 본받아야 할 업적으로 남아있습니다. 더구나 미루어 짐작해 보면 일본의 사회문화적 상황에 정통한 지 선생이 미국

학계의 동향을 기준으로 모든 것을 판단하는 젊은 교수들과 호흡을 맞추려면 상당한 인내가 필요했을 것입니다.

한일 국교 정상화 50주년을 계기로 2015년 7월 12일에 도쿄대학 고마바(駒場) 캠퍼스에서 개최된 국제 심포지엄 석상에서 오랜만에 만난 지 선생은 여전히 꼿꼿한 자세로 발표와 토론을 경청하고 있었습니다. 이 자리가 마지막 만남이었습니다.

지금 돌이켜 보면 식민지 시대에 태어나, 해방, 분단, 월남, 한국전쟁, 군사 독재, 민주화운동을 거치며 격동기를 살아온 지 선생의 생애 자체가 한국 현대사였습니다. 민주화가 진행되고 있는 좋은 세상에서 살아가는 우리는 생명의 위험을 감수하고 군사 독재의 실상을 세계에 알려 국제 여론을 환기시킨 지 선생에게 빚을 지고 있습니다. 그러나 지 선생의 진면목은 기득권에 영합하지 않고 비판적 시각을 유지하며 시대가 요구하는 과제를 실천적으로 해결하는 지식인의 사명에 충실했던 지사였습니다.

도대체 왜 식민지가 되었는가라는 관점

오쿠라 야요이

(의료사무직)

지 선생님의 부음을 접했을 때 제 침대 옆의 테이블에는 선생님의 저서 『"한국으로부터의 통신"의 시대』가 읽히다가 만 채로 놓여 있었습니다. 읽기 시작한 지 몇 달이 지났습니다만, 부담 없이 읽을 수는 없는 내용으로 도중에 멈춘 상태였습니다. 다 읽고 마쳤을 때에 감상을 출판사에 보내면 선생님도 그것을 보실 수 있지 않을까 하는 생각도 하고 있었습니다만, 그것도 이제는 실현될 수 없는 일이 되었습니다.

저는 릿쿄대학의 학생이었던 1982년경 일반 교양과목에서 선생님의 강의를 들었습니다. 강의명은 "동아시아의 사상과 문화"였습니다. 선생님의 저서 『한국문화사』는 그 무렵 품절로 입수할 수 없었습니다. 그 책 제목에 '정치'라든지 '사상'이라고 하는 말이 들어가면 출판할 수 없는 시기였기 때문에 '문화사'라고 한 것이라는 이야기를 들었던 적이 있습니다만, 정말 그랬을지도 모르겠습니다. 어쨌든 텍스트 없는 강의 형식이었기 때문에 매회 선생님은 판서를 해가며 강의하셨습니다. 당시의 노트는 아직 친가에 남아 있을 것입니다만, 제가 먼 곳에 있기 때문에 지금 읽을 수 없는 것이 유감입니다.

40년이 지나도 선생님의 강의는 때때로 회상됩니다. 한반도 식민지화의 역사를 "왜 식민지로 만들었는가"가 아니라 "왜 식민지가 된 것일까"라는 관점에서 듣는 강의는 기본적인 아시아의 근현대사조차 배우지 못한 일본인 학생에게는 무척 어려운, 그래서 한층 더 이해력을 위한 노력이 요구되는 체험이었습니다. 선생님의 말투는 언제나 냉철하고, 자신에게도 질문을 던지는 말씀을 하고 계셨던 것 같았습니다. 또한 당시 일본에서 유행하고 있던 푸코 등의 인용이 있거나 아마 선생님 자신이 그 무렵 공부하고 계시던 것을 학생들에게 명제로 던지고 있던 것이 아닐까도 생각합니다.

주 1회의 강의 후에 근처의 다방에서 차를 마시면서 학생들의 잡담에도 응대해 주시는 일도 있어 상냥한 인품을 느낄 수 있었습니다. 우리는 고등학교에서 대학 시대에 걸쳐 "한국으로부터의 통신"을 읽었던 세대입니다. 당시 선생님이 TK생이라고는 전혀 알 수 없었고, 제 친구는 "TK생은 실재하나요"라는 말도 들은 적이 있다고 합니다. 그때 선생님은 어떤 표정을 지으셨을까요. 자, 어떨까요. 아마도 부드럽게 미소를 짓고 계셨을 것입니다.

또 학생들을 집에 초대해주신 적도 있습니다. 불행히도 저는 하필 당일 고열이 있어 댁으로 찾아뵐 수 없었습니다만, 친구의 이야기에 의하면 구절판을 포함해 사모님의 요리가 많이 나왔는데, 매우 맛있었다고 들었습니다. 선생님의 집에 갈 수 없었던 것이 정말 유감이었습니다.

강의에서나 다방에서의 잡담을 통해서 완전히 선생님의 팬이 되어버린 우리 몇몇 여학생은 최종 강의 날에 선생님과의 투샷을 부탁했습니다. 교단에 서 있는 선생님의 옆에 서서 팔짱을 끼고 사진을 찍었습니다.

선생님은 부드럽게 응해 주었습니다만, 선생님과 마음대로 팔을 끼는 등 지금 와서 생각하면 매우 무례한 일이었다고 생각되어 부끄럽기도 합니다.

제가 가장 좋아하는 선생님의 저서는 이와나미신서 중 『한국 민주화의 길』입니다. 신서이므로, 즉 작은 책이어서 쓸 수 없는 것이 많이 있었을 것입니다만, 거기에 다 쓰이지 않은 선생님의 생각이 오히려 행간으로부터 전해져 오는 것을 느낄 수 있습니다.

내용은 그대로 정확하지 않을지도 모르지만, 대학 강의에서 선생님이 "'무언가를 말하는 것은 무언가를 말하지 않는 것'이라고 말한 철학자가 있습니다만"이라고 말씀한 것이 강하게 기억에 남아있습니다. 무언가를 말하는 것이 엄격히 금지된 시대에 무언가를 말하기로 선택한 선생님께서 심지어 무언가를 말함으로써 무언가를 말하지 않을 수도 있다는 통찰을 한 것이 아닐까도 합니다. 진정한 실천자이자 사상가였던 선생님의 강의를 받은 것은 제 인생의 보물입니다.

일본 영화 등 대중문화의 해금에 진력한 지 선생님. 요즘 일본에서의 K팝의 유행 등 어떻게 보고 계셨을까요, 저도 K팝에 매료된 한 사람입니다. 지 선생님의 생각을 깊이 되뇌어 가면서 저 나름의 '한일 파트너십'을 계속 실천해 나가려고 합니다.

지명관 선생님과 「기독교사상」

김흥수

(월간 「기독교사상」 주간)

2016년 가을부터 지명관 선생님께서 돌아가시기 몇 달 전까지 수십 통의 이메일 서신을 주고받았습니다. 대학에서 정년퇴직한 후 「기독교사상」 편집 주간으로 일하게 되었는데, 그것이 계기가 되었습니다. 선생님께 이메일을 처음 보낸 것은 2016년 11월 16일이었습니다. 그 무렵 동경 메이지가쿠인대학의 서정민 교수와 통화하던 중에 지명관 선생님께서 도쿄에 체류 중이신데, 도미사카그리스도교센터에서 브렉시트 이후 동아시아의 과제에 대해 강연하셨다는 소식을 들었습니다. 당시 지 선생님은 도미사카그리스도교센터의 게스트하우스에서 잠시 머물고 계셨습니다. 강연 원고를 선생님께서 다시 정리해주셔서 "유럽공동체 이후 동북아시아의 상황에 대하여"라는 제목으로 「기독교사상」 2017년 1월에 실었습니다.

「기독교사상」 1월호가 간행되자마자 선생님께 다시 글을 부탁드렸습니다. 「기독교사상」은 지령 700호를 앞두고 있었습니다. 「기독교사상」과 인연이 깊은 몇 사람의 글을 싣기로 하고 지명관 선생님에게도 부탁했습니다. 선생님께서는 흔쾌히 "「기독교사상」, 내 삶의 길을 바꾸다"라는 글을 써주셨습니다. 이 글에서 선생님은 김관석 주간의 요청으로 1960년대에 「기독교사상」의 편집위원이 되었다는 것, 그 뒤로 수없이 많은 글을 쓰며 이른바 사회 참여의 길을 걷게 되었는데, 「기독교사상」은 "사회 참여라고 할까, 격동 속에 빠져 있는 한국의 현실 속에 나를 던져버리게 했다"고 회상하셨습니다. 선생님은 「기독교사상」 1962년 11월호에 처음 글을 쓰셨습니다. 그 후 2002년 6월까지 무려 61편의 글을 기고하셨습니다.

지 선생님은 이메일에서 종종 국제적 연대의 중요성에 관해 말씀하셨는데, 2017년 4월 20일에는 이런 메일을 보내셨습니다. "E. H. Carr는 '20년간의 위기'(1919-1939)에서 노동운동이 국제적인 시대에 평화적 변혁 지렛대가 되기를 기대했습니다만 오늘날은 지식인·시민이 지렛대라고 하겠지요." 더욱이 통일 문제에 있어서는 지식인·시민 연대가 역할을 할 것이고, 그것에서 국제적 연대를 찾아야 하겠다고 하셨습니다. 이처럼 선생님께서는 내가 YMCA를 통해 통일운동에 참여하시는 것을 아시고 한국의 민주화운동에서처럼 통일운동에서도 세계적으로 교회와 시민의 양식 있는 연대가 중요하다는 말씀을 강조하셨습니다. 이때는 미국 미니애폴리스에 계실 때인데, 미네소타대학의 홍사훈 교수가 서울을 방문하게 되자 미국 교포들과의 관계를 염두에 두시고 저를 만나고 오라고 부탁하신 적도 있습니다.

2017년 6월 7일에는 「기독교사상」 6월호를 받으셨다면서 「기독교사상」이 교회 내 월간지를 넘어서 일반적인 매체이면서도 기독교의 뜻을 가진, 그런 매체를 구상해보라는 이메일을 보내셨습니다. 그래야 「기독교사상」이 동아시아의 현실 정치를 넘어서 평화를 지향하는 데 기여할 수 있을 것이라고 하셨습니다.

2017년 7월 11일 이메일에서는 제가 쓴 김관석 평전, 『자유를 위한 투쟁』(2017)을 받으셨다면서 말씀하셨습니다. "이렇게 지난날 귀중한 생애를 사신 교역자들의 발자취를 더듬어 남긴다는 작업을 꾸준히 해주셔야 하겠습니다. 우리에게는 선인들이 걸어가신 길에 대한 좋은 기록이 너무 없었지 않습니까. 험준한 길을 걸어왔으니까요. 좀 더 긍정적인 설화를 남기는 노력을 해야 하겠습니다."

2017년 8월 20일에는 좀 긴 글을 보내셨습니다. "2019년이면 우리는 3.1 독립선언, 중국은 5.4운동 100주년이 아닙니까. 오늘의 세계정세 특히 동북아 정세나 한반도 정세를 바라볼 때 큰 움직임이 있어야 하지 않겠습니까." 2019년을 위해서 3.1정신이나 5.4정신을 받들어 어떤 동북아시아의 연대를 조직해야 보아야겠는데, 동북아시아 문학자 대회 또는 지식인 대회를 생각해 보신다고 하셨습니다. 참가자로는 60대, 50대 그 이하를 중심으로 할 것과 거기에 꼭 북한 대표를 참석하게 해야 할 것이라는 말씀도 하셨습니다. 그 당시 서울의 여러 시민단체에서는 3.1운동 100주년을 어떻게 맞이할 것인가 하는 문제로 협의를 시작하고 있었지만, 동아시아로까지 시야를 넓힌 논의는 이루어지지 않고 있었습니다.

2017년 9월 29일 새벽에 쓰신 이메일에서는 통일운동의 원점을 이야기하셨습니다. "남북의 정부는 물론 남북의 군대는 침묵해라. 남북의 분단은 세계 정치가 만들어 낸 것, 우리는 저 정치와 군사가 없는 민족과 시민의 원점으로 돌아가자. 휴전선이 무엇인가. 우리는 우리 국토를 자유로이 왕래하면서 민족애를 회복해야 한다. 정치에 의한 분단으로 이제는 한 사람도 희생이 되어서는 안 된다. 우리 국토를 우리가 자유로이 왕래한다. 굶주린 우리 동포를 우리가 구원한다." 이런 운동은 정부가 하는 것이 아니라 교회와 우리 민족이 하는 것이라는 말씀이셨습니다. 연로한 월남자로서의 간절한 호소요 외침이었습니다. 선생님은 평양북도 정주 출신입니다.

2019년 3월 말에는 서울에서 열린 한 모임에서 선생님을 뵈었습니다. 하토야마 유키오 전 일본 총리 초청 '삼일운동 백주년 기념 대화아카데미 모임'이었습니다. 그때 지 선생님은 한국으로 돌아오셔서 경기도 남양주의 한 양로원에서 지내고 계셨습니다. 그리고 나서 두 달쯤 지나서 이메일을 주셨습니다. 일본의 구라모찌라는 교수가 쓴 한국의 민주화운동 시대 관련 글에서 제가 쓴 광주항쟁에 관한 논문도 알게 됐다고 하셨습니다. 먼저 국내 후배들의 민주화운동에 관한 글들을 거의 읽지 않은 데 대해 사과하신다면서 이것도 대화의 단절이라고 말씀하셨습니다. 선생님은 남북문제가 요동치는데도 이 상황에 냉담한 채 경제의 어려움만을 떠들어 대는 한국 사회를 걱정하셨습니다. 그래서 1931년에 다가올 위기를 우려하면서 시대적인 정신 상황이라는 문제를 제기하지 않을 수 없었던 독일의 칼 야스퍼스를 되돌아보게 된다고 하셨습니다.

2019년 7월 8일에는 요즘 한일 관계가 퍽 염려된다면서 동료들에게 메모를 보내셨습니다. 저에게도 보내셨습니다. "정치란 유치한 정치 싸움이나 하는 것인가요. 시민과 지식인만이 역사의 앞날을 내다보고 있다고 하겠지만 지금은 모두 잠들어 버린 세상입니까. 이제는 내쇼널리즘으로 대립하는 시대가 아니고 문제가 있으면 화해와 협력의 입장에서 찬찬히 해결해 가야 하는 것 아닐까요." 선생님은 저항하는 매스컴도 지식인도 없는 세상을 한탄하셨습니다.

저는 이 이메일을 방콕에서 열리고 있던 세계교회협의회(WCC)와 한국교회, 북의 조선그리스도교연맹 대표단의 회담장에서 읽었습니다. 호텔에서 동북아의 평화, 한일 간의 화해와 협력에 대한 짧은 글을 써주실 수 있는지 문의하는 이메일을 보냈습니다. 「기독교사상」의 원고 마감 때문에 2~3일 내로 쓰셔야 한다고 했습니다. "글은 쓰도록 하겠습니다. 아마 마지막 글의 하나가 되겠지요. 점점 마음도 기력도 약해지고 있습니다." 이 무렵 선생님은 건강에 자신을 잃고 있었습니다. 그 글이 「기독교사상」 2019년 8월호에 실린 "동북아를 사는 지혜 — 오늘의 한일 문제를 보면서"입니다. 글을 이렇게 끝맺으셨습니다. "인간의 어리석은 역사 밑바닥에서 진행되는 하나님의 역사. 그러기 때문에 주님은 그 흑암의 역사 속에서 원수를 사랑하라고 하셨다. 그리스도교회는 이런 역사관에서 세상에 있으면서 세상을 떠나 역사를 보고 평화를 추구하는 무리가 아니겠는가 하고 나는 생각한다."

2020년 4월 26일 지 선생님의 이메일을 받았습니다. 동경대학 동양문화연구소에서 도미야마 다애코 선생 100세 기념 「동양문화」 101호를 보내왔다면서 내용과 이미숙 박사 등 필자를 소개하셨습니다. 「기독교사상」에 「동양문화」 101호의 소개를 부탁하시고 필자로 서정민 교수를 추천했습니다. 선생님께서는 한일 연대가 필요하고 그래서 이 학술지의 소개를 부탁하신 것이었습니다. "더 자세한 이야기를 해야겠으나 제가 이 이상 문장을 쓰기가 어렵습니다." 지 선생님께서는 기력을 잃고 계셨습니다.

2020년 12월 4일에는 『일한 기독교관계사 3편』(도미사카그리스도교센타 편)의 서평을 말씀하셨습니다. "김관석, 오재식 선생 때 내기로 한 책입니다. 이에 대하여 서평 등 기독교사상에서 어떻게 해야 하겠습니까. 대응책을 마련해 주셨으면 합니다." 선생님께서는 이번에도 몸의 쇠약을 말씀하셨습니다. "저는 몸이 좀 불편하여 이 소식 쓰는 것도 지금 간신히 쓰고 있습니다." 이 책의 서평은 지 선생님께서 쓰시는 것이 좋을 것 같아서 건강을 회복하시면 이 책의 간행 과정 및 내용을 짧게 글로

써주시라고 부탁드렸습니다. 선생님께서는 답장을 주셨습니다. "제가 좀 나아지면 글 쓰는 데에 주저하지는 않겠지만 그럴 가능성이 적다고 생각합니다"(2020. 12. 7.). 선생님께서는 서정민 교수를 서평자로 추천하셨습니다.

2021년 1월 26일 이제 건강은 회복하셨는지 문의하는 이메일을 드렸습니다. "저는 지금 그다지 건강하지는 않습니다. 나이 탓이겠지요. 이 컴퓨터도 이제는 낡아서 쓰게 되지 않습니다." 이렇게 짧은 메모로 답장하셨습니다.

지 선생님은 2021년 3월 7일 기독교방송을 보다가 느꼈다면서 "3.1운동과 그간의 민주화운동을 생각하게 된다. 그리고 거기에 세계적인 연대의 문제도, 버마 사태도 생각하게 된다. 버마는 어제의 한국을 가고 있는 것 같다"는 메일을 주셨습니다.

연말도 되고 해서 2021년 12월 29일 선생님께 이메일을 보냈습니다. 선생님이 1985년 미국에서 간행된 잡지에 "민중의 부르짖음은 무엇인가"라는 글을 쓰신 것을 발견하고 그것을 「기독교사상」 2022년 2월호나 3월호에 소개하고 싶다고 말씀드렸습니다.

그날 사모님께서 이메일을 주셨습니다. "남편은 지금 여기 8층 입원실에 뇌경색으로 입원 중입니다. 코로나로 인해 면회도 못하고 있어서 답답하고 측은하다는 생각만 듭니다." 사모님께서는 지 선생님이 입원하신 지 2개월이 좀 넘었다고 하셨습니다.

2022년 새해 첫날 인터넷 뉴스에서 부고를 접했습니다. 지 선생님께서 98세로 세상을 뜨셨다는 소식이었습니다. 1월 3일 서울대병원 장례식장으로 문상을 갔습니다. 선생님의 가족들과 안재웅, 김성재, 신대균 선생 등 예전 민주화운동 동지들이 빈소를 지키고 있었습니다. 선생님께 고맙고 슬픈 마음으로 작별 인사를 드렸습니다.

2022년 「기독교사상」 2월호에 선생님의 "민중의 부르짖음은 무엇인 가"라는 글을 게재했습니다. 1985년 로스앤젤레스에서 이선주 선생이 발간하던 교양 잡지 「뿌리」에 실린 글입니다. 이 글에서 선생님을 이렇게 소개했습니다.

1960년대에 「기독교사상」 편집위원을 역임했으며, 최근까지도 「기독 교사상」의 필자로 활동한 지명관은 2022년 1월 1일 향년 98세를 일기 로 별세했다. 그의 서거를 추모하며 이 글을 소개한다.

"제가 이제는 글을 쓰기에는 어려울 것 같습니다"라고 하신 말씀이 떠오릅니다. 선생님은 이렇게 기력을 잃고 우리 곁을 떠나셨지만, 선생님 이 남기신 주옥같은 글들은 여전히 「기독교사상」 속에 살아서 숨 쉬고 있습니다.

통곡하신 지 선생님

후지타 히데히코

(일본 뱁티스트연맹 히가시하치반 그리스도교회 협동 목사,

전 게이센 침례교회 목사)

주께서 허락하시어 지명관 선생의 재일 체류 18년 중 후반 저도 게이센교회 목사로서 30년 섬긴 마지막 시기에 함께했습니다. 개인적으로도 선생님의 지성과 이성에 더하여 인간미, 따뜻함에 접하고, 정말로 풍부한 우정 넘치는 교제를 나누었고, 귀국 후에도 서로 왕래할 수 있었던 것을 진심으로 감사드립니다.

지명관 선생님, 정말 고맙습니다.

지명관 선생님이 소중히 여기신 성경 말씀은 고린도전서 15장 31절 "(그리스도 안에서) 날마다 죽노라"입니다.

1984년 부활절 예배 설교에서 저는 고린도후서 4장 7-15절 "질그릇"이라는 제목으로, 10절 "우리가 항상 예수 죽인 것을 몸에 짊어짐은 예수의 생명도 우리 몸에 나타나게 하려 함이라"를 중심적인 말씀으로 삼았습니다. 그 후 지 선생님이 "내가 소중히 여기는 말씀이 선생님과 같은 의미의 말입니다"라고 하셨습니다. 잊을 수 없습니다. 선생님의 일본에서의 마지

막 책 『승리와 패배의 역설』(신교출판사) 중 "나는 날마다 죽고 있다"(54-57 페이지)에 그 성경의 의미가 담겨 있었습니다. 또한 저도 신교출판사에서 지 선생님과 함께 『자유롭게 살기』라는 책을 출판하는 영광을 누렸습니다.

지명관 선생님을 게이센교회의 특별 집회에 모셨을 때, "나의 할아버지는 이토 히로부미의 수행원으로, 아버지는 한국에 세워진 일본 초등학교 출신의 은행 지점장이었습니다. 그 '혈통의 얼룩'이 해장 후 기독교인이 된 내가 '전쟁 책임 문제', '야스쿠니', '한일 연대'의 문제에 앞장서는 일과 관련되어 있습니다"라고 솔직하게 말씀했습니다. 지 선생님은 그때 별말씀 없으셨지만, 얼마 후 지 선생님으로부터 "게이센 침례교회의 주일예배에 참가하고 싶다"는 제안이 왔고, 놀랍게도 저에게 "게이센교회는 한국에 있는 자신의 교회와 닮았다. 예배 성가대의 분위기에도 정말 마음이 위안을 얻는다." 또 "게이센교회에 친밀감을 느끼지만, 귀국이 허락되면 곧 돌아가는 것으로 해두고 싶다"라고 해서 '객원 신도'가 되었습니다.

선생님의 몇 번의 이사 때마다 댁을 방문했습니다만, 좁은 현관, 탁구대와 작은 옷장, 책장만의 살림살이로 "언제라도 본국에서 허락이 있으면…" 망명 생활을 끝내고 귀국하실 분위기였습니다. 그러한 중에도 '김대중을 구하는 회' 등 젊은이들을 모아 가정 집회를 하고, 성서를 가르치기도 하셨습니다.

우리는 지명관 선생님의 상황 인식의 풍요로움과 현상 파악의 어려움 중에도 늘 궁극적으로는 기도하는 자세, 종말을 믿는 신앙인로서의 생활방식, 어린 시절, 북한의 가난한 생활 속에서 신앙 깊은 어머니로부터 철저하게 심어진 모태신앙을 발견할 수 있었습니다. 그에 매료되어 세이난 가쿠인대학 신학부나 침례교 여성 연합 등에서도 선생님의 가르침을 받기에 이르렀습니다.

어느 날 지명관 선생님과 일본 소비자연맹 사무국장 그리고 게이센교회 협력 목사를 겸하고 있던 안도 에이오 군 등 세 명이 선술집에서 한잔할 때, 지 선생님이 통절한 음성으로 "이 쪽(우리 쪽)이 '정의의 싸움이다'라는 생각이 강할수록 상대를 비난하는 자신의 마음이 귀신처럼 될 수 있다"라고 하신 말씀에서 거대한 적과 혼신을 다해 싸우고 있는 사람끼리의 말씀으로 지금도 깊이 마음에 남아있습니다.

민주화 후 선생님은 어머니와 부인 강정숙 여사, 형인 군을 일본에 불러 강정숙 여사는 매월 한 번 게이센교회 예배에서 연주로 봉사하시고, 형인 군은 도쿄대학 의학부 조수가 되었습니다. 하지만 알츠하이머를 앓고 계신 어머니는 서거하셨습니다. 일본에서는 매장을 할 수 없었고, '가상의 장례식'을 제게 맡겨 주셨습니다만, 지명관 선생님은 귀국 때 철저히 어머니의 유골을 가슴에 안고 조국으로 돌아가셨습니다.

선생님이 한국으로 돌아가고 제가 거주지를 규슈로 옮긴 후에도 부부 모두 여러 번 즐거운 시간을 가질 수 있게 된 것도 생각할수록 감사할 뿐입니다.

'광주민주화운동' 때 지명관 선생님은 "그들이 죽을 때 나는 일본에 있었다"고 통곡하셨습니다. 또 소련이 붕괴해 동서냉전이 결집했을 때 "21세기야말로 세계에 평화가 온다"라고 소리 높여 기뻐하고, 서로 건배했습니다. 그러나 21세기가 되어 각지에서 분쟁이 계속되고, 올해 러시아의 우크라이나 침략에 의해 핵이 수반될지도 모르는 세계대전의 위험에 위협받고 또 한국에서는 보수 정권으로 정권이 바뀐 지금이야말로 현재 상황의 이야기를 지명관 선생님께 직접 듣고 싶다는 생각이 큽니다.

격동의 시대에 태어나 이 세상의 부정과 기만에 정면으로 대처해

상처를 받으면서도 사랑으로 싸워 관철시키다가 하늘의 부르심을 받은 지명관 선생, 시편 4장 8절의 "내가 평안히 눕고 자기도 하리니 나를 안전히 거하게 하시는 이는 오직 여호와시니이다"에 있는 말씀대로 주님 안에서 평안히 쉬십시오.

지명관 선생님, 다시 만납시다. 그때까지… 아멘.

1970년, 그해 여름은 뜨거웠을까?

양재섭

(대구대 명예교수, 한반도중립화통일협의회 공동회장)

　　지명관 선생님을 실제로 직접 만나 뵌 것에 대한 내 기억의 정확성은 1970년 여름방학에 수유리 영락기도원에서 열린 영락교회 대학생회 여름수련회 때로 국한됩니다. 사실은 그것마저도 세세한 내용에 들어가면 정직함을 담보할 수는 없습니다. 다만 당시 대학교 4학년이었던 제가 대학생회 회장을 맡고 있었는데 "변화하는 세상 속의 교회"라는 수련회 주제를 가지고 지명관 선생님을 강사로 모신 프로그램을 진행했던 기억만큼은 50년이 지난 오늘에도 아련한 추억으로 남아있습니다. 이런저런 강연 행사에 쫓아다니는 것이 당시 제 일상생활 중 하나였기에 아마도 그 전이나 후에도 뵌 적이 있을 것으로 생각은 되지만 어쩌면 직접 뵌 것은 그때가 유일했을지도 모르겠습니다. 또 하나 그 후에 구매한 것으로 날짜가 기록되어 있는 『한국인과 기독교』(지명관 지음, 현대청년시리즈 2, 대한기독교교육협회 발행, 1969)라는 책이 노랗게 변색되고 낡을 대로 낡아 손으로 만지면 푸석푸석 망가질 것 같이 되어 내 책꽂이에 존재하고 있다는 사실이 '실제 만남 기억'에 덧붙여집니다. 그럼에도 불구하고

지명관 지음, 『한국인과 기독교』
(대한기독교교육협회 발행, 1969)

선생님 추모에 대한 책을 만들면서 한국 사회 여기저기에 숨어 있을 '지명관 지인'을 자처하는 사람들의 글을 모아본다는 서정민 교수님의 취지문을 페이스북에서 보았을 때 나도 한번 끼어보고 싶다는 강렬한 욕구에 이끌리어 여기까지 오게 되었습니다. 대학 생활에서 시작하여 은퇴 생활을 하고 있는 현재까지 저의 사유 방식과 생활 행태에 스며들어 있는 '지명관 사상'의 영향을 지금도 여전히 느끼고 있다고 생각하면서 '짧은 만남, 긴 여운'에 대한 이 글이 어디로 튈지는 저도 잘 모르겠습니다.

저는 선교 초창기에 설립되었고(1910) 일제강점기 신사참배 거부로 폐교되었다가 해방 후 재건된 미션스쿨인 전남 순천매산고등학교를 졸업하고 서울대학교 문리과대학 동물학과(현재 생명과학부)에 입학하였는데 1년 재수 덕분에 67학번이 되었습니다. 매산학교가 하루도 빠지지 않는 채플에 주 2시간 성경을 정규과목으로 배우는 정석 기독교 학교인 것을 서울에 와서야 깨달았습니다. 강당, 운동장, 방송, 각반 교실 등 방법과 장소를 달리하면서 매일 예배를 드렸고, 한 학기에 한 주간은 부흥회를 하는 학교는 별로 들어보지 못했습니다. 학교에서의 매일 채플과 주일예배를 합치면 우리는 방학을 제외하고는 매일 예배 속에 살았던 셈입니다. 더구나 저는 교회에 소속된 유치원 선생님이신 어머니 덕분에 교회 구내의 사택에 살았고, 아버지는 제가 다니는 학교의 선생님이셔서 집과 학교와 교회가 구분이 잘 안되기도 하였습니다. 고등학교를 졸업할 즈음에 신학교에 갈 것이라는 선생님들과 교회 어른들의 예상과 바람을 뒤로하고 저는 과학자의 길을 선택하였고, '과학사도'가 되겠다는 시건방진 생각을 하면서도 니느웨를 피해 다시스로 갔던 요나가 가끔은 마음에 약간 걸리면서 뇌리를 스치곤 했습니다.

대학 입학식이 있기 전에 저는 두 가지 중요한(?) 일을 했습니다. 한 가지는 입학할 대학교의 교가를 미리 익혔다는 것입니다. 마침 어떤 노래책에 여러 나라 국가들과 몇몇 대학의 교가가 실려 있었습니다. 웅얼웅얼 시창 실력과 더듬거리는 건반 실력을 바탕으로 노래를 익힌 덕분에 입학식 날 유명한 테너 교수님이 가르쳐 주시는 교가에 익숙했던 저를 생각하곤 가끔은 혼자서 웃기도 합니다. 또 한 가지 진짜 중요한 일은 예비 대학생의 신분으로 영락교회 대학생회를 찾아간 것입니다. 아마도 입학식 보름 전쯤 서울에 왔을 터인데 영락교회를 찾아 예배드리러 갔다가 대학생회 회원을 모집한다는 광고를 보고 입학식도 하기 전 겨울방학 끝자락에 대학생회를 찾아갔습니다. 대학생회라는 이름이 멋져 보였습니다. 나중에 알아챈 사실은 신학기가 시작되면 신입생들을 대상으로 회원을 모집한다는 광고였는데, 학생도 아니면서 미리 모임에 나갔으니 약간 뻘쭘했던 것 같기도 합니다. 이 부분에서 제가 '교회'를 찾아간 것과 '대학생회'를 찾아간 것이 결과론적으로 다른 의미였음을 나중에 알게 되었습니다. 사실 영락교회를 찾아간 것은 고3 때 학교 부흥회 강사로 오셨던 영락교회 부목사님이셨던 홍동근 목사님 때문이었습니다. 설교 말씀은 하나도 기억나지 않지만 "여러분은 연애할 자격이 있습니다"라는 멘트에 남녀 공학이었던 우리 남녀 중고생들은 열광해 마지않았습니다. 서울 가면 영락교회에 가서 홍 목사님의 말씀을 더 들어야겠다고들 야단이었습니다.

그리고 대학 생활이 시작되었는데 1960년대 쿠데타로 들어선 군사정권 아래 정치 환경은 제대로 대학 생활을 할 수 없게끔 열악했습니다. 대학 4년 중 3번의 휴교령을 경험하였고, 번번이 수업 일수를 제대로 채우지도 못했습니다. 그렇지 않아도 빡센 고교 생활을 벗어나 자유를 만끽하고 싶은데 말 그대로 참 놀기 좋았습니다. 베트남전쟁 참전으로 청년들의 마음이 심란한 가운데 박정희의 영구 집권을 향한 3선 개헌 반대 등의 이슈가 꼬리를 물고 발생하여 대학생들은 시위로 나날을 보냈습니다. 데모에 열중했던 사회 참여형이 있는가 하면 남몰래 도서관에서 열심히 공부하는 친구들도 있었고 저는 이것도 저것도 아니어서 서울 시내를 어슬렁거렸습니다. 한번은 종로2가 YMCA 강당에 올라갔더니 당시 서울신문사에서 발행하는 주간지 「선데이 서울」이 주최하는 토론회를 하고 있었습니다. 주제는 "직장의 꽃 여성" 뭐 이런 거였습니다. 주간지도 별로 없던 시대에 노란 잡지로 한몫하고 있었던 잡지이기도 하고 또 그때의 시대상이 그런 정도였을 것입니다. 당시 과학을 공부하는 저로서는 기계론적 비인간화에 대항하는 '인간화' 문제에 관심이 있었는데 아마도 그것을 기초로 저는 이미 페미니즘 지지자였는지도 모릅니다. 앞에 나가 마이크를 잡았습니다. 무슨 말을 했는지 기억도 잘 나지 않지만, 지금 시대상으로는 말도 안 되는 여성관에 대해서 저의 항의성 발언이 특별해 보였는지 그 내용이 잡지에 여러 토론자의 발언들 틈에 사진과 함께 게재되었습니다. 의도치 않게 이상한 주간지에 매스컴을 타게 되었습니다. 또 미도파 5층에서 하는 동아방송의 정오의 휴게실이라는 공개방송에 갔다가 사회를 보는 박인희 가수가 들이대는 마이크에 당황하기도 했습니다. 아무튼 대학 생활이 그랬습니다.

　꼭 그래서 그런 것만은 아니었지만 영락교회 대학생회는 저의 의식속에서 대학 생활의 거의 전부일 만큼 큰 비중을 차지하게 되었습니다. 결론을 먼저 말하자면 저는 서울대생이 아니고 '영락대생'이었던 것입니다. 주일 성경공부반과 토요대학생회 모임에 거의 개근생으로 참여하였고, 중등부 교사도 했습니다. 토요 모임에 가는 일은 마치 주말에 고향집 가는 것 같은 기분이었습니다. '젊음의 방'이라는 간판이 붙어있는 모임방은 지금 봐도 손색이 없게 잘 꾸며진 카페였습니다. 제가 늘 그리고 지금도 '저를 물들인 사람'으로 지목하는 3년 선배인 노정선 형을 처음 만난 것도 이때였습니다. 제 생각으로 대학생회는 당시에 '노정선 커리큘럼'에 따라 운영되는 듯한 느낌이었습니다. 영락교회는 규모와 재력과 명성이 있는 교회여서 그런지 내로라하는 국내의 모든 강사를 모셔올 수 있었습니다. 당시 장로교신학대학, 연세대 신과대학, 한국신학대의 최고의 신학자들과 다른 분야의 강사들도 젊음의 방에서 뵐 수 있었습니다. 그러니까 책이나 매스컴에서나 뵐 수 있을 법한 분들을 작은 대화방에서 현장 대면할 수 있었습니다. 성경공부반에서는 박창환, 문희석, 김용복, 민경배, 김형석 교수님들에게 배웠습니다. 다 기억할 수는 없지만 서광선, 은준관, 서남동 교수님 같은 분들과 때에 따라서는 이규호, 김동길, 심지어는 조경철(천문학자), 하두봉(생물학자) 교수님 등 다양한 분야에 접할 수 있는 최고의 아카데미가 이뤄졌습니다.

1학년 때는 케네디 대통령과 마틴 루터 목사의 암살과 베트남전쟁의 와중에서 화해(reconciliation)를 단일주제로 다뤘던 미국연합장로교 총회의 "1967년 신앙고백"을 미국 총회가 최종 선포하기도 전 노회 수의 과정 시기에 서남동 목사님이 번역하신 교재로 공부할 수 있었습니다. 1968년은 "만물을 새롭게"라는 주제를 가지고 스웨덴 웁살라에서 세계교회협의회 4차 총회가 개최되고 있을 같은 시기에 우리는 당시 수원에 있는 서울대학교 농과대학 캠퍼스에서 전국의 기독대학생 800여 명 그리고 크리스천 교수 60여 명이 함께 모여 "한국을 새롭게"라는 주제로 3~4일 동안 강연과 토론으로 한국교회의 미래 청사진을 그려보았습니다. 그리고 영락으로 돌아온 우리는 역시 수유리 영락기도원에서 "영락을 새롭게"로 여름수련회를 했습니다. 그 덕분에 "화해"(평화)와 "새롬"(교회 갱신)은 제 평생의 열쇠 말이 되었습니다. 저의 중학교 담임 선생님이셨던 남정길 선생님이 전북대학교 종교철학 교수를 거쳐 해직 교수가 되시고 신학을 공부하신 후 교회를 시작하여 이름을 정하는 과정에서 제가 제안한 '새롬교회'가 채택되는 영광을 누리기도 했습니다. 또 정년퇴직 시 틈틈이 교계 신문에 썼던 칼럼을 모아 『생명을 나누는 타원형교회』라는 신앙 에세이집을 출판하였는데 2015년 김영철, 남금란, 류순권 목사님 등이 협동 조합형 교회를 염두에 두고 시작한 교회 이름을 "타원형교회"로 정하는 바람에 보통명사 타원형교회가 고유명사 타원형교회의 탄생으로 연결되는 영광이 겹치게도 되었습니다. 타원형적 사고는 독점적 '원형의 중심'을 해체하고 '타원형의 2개의 초점'으로 나누자는 생각을 기하학에서 빌린 것인데 대학생 시절부터 즐겨 사용하였던 논리입니다. 교회와 사회, 교회와 대학, 여성과 남성, 평신도와 목회자 등등 응용성이 대단히 좋은 이론입니다. 어쨌든 대구대학교 교수 재직 시 방학을 이용하여 샌프란시스코 신학대학원(SFTS) 문희석 박사님의 지도로 국제프로그램에서 MATS(신학전공 문학석사) 과정을 마친 일과 정년퇴임 후 삼청동의 북한대학원에서 북한학 박사를 덧붙인 일 그리고 현재 한반도 중립화를 통해 통일된 한반도의 평화를 완성하자는 운동에 참여하는 일들도 결국은 대학생 시절 '1967년 신앙고백'과 'WCC 4차 대회 주제'의 오리엔테이션에 기초한 "화해와 새롬" 키워드가 저를 인도한 결과인 셈입니다.

저에게 그런 가르침을 주셨던 수많은 선생님 중에 지명관 선생님이 지금까지도 제 마음의 지도에 꽤 넓은 부분을 차지하고 계신다는 것을 어떻게 규정할 수 있을까요? 저 스스로도 이것저것 내세워 명확하게 표현할 능력은 없습니다. 다만 모든 과정이 얽히고설켜 오늘의 제가 있을 것이라는 일반론에 의지할 수밖에 없을 것입니다. 1970년 영락교회 대학생회 여름수련회는 저의 대학 생활의 끄트머리이면서 회장직도 끝나는 정리의 의미를 가지고 있었습니다. 그런데 막상 지명관 선생님을 강사로 정하는 과정은 제가 주도적으로 하지 않았습니다. 찾아뵙고 강사 부탁을 드리는 일도 제가 직접 한 기억이 없습니다. 아마도 선배들에게 부탁을 하였을 것이고, 생각은 많으면서 실천력이 부족한 저를 강력한 추진력으로 늘 도와주었던 한 해 후배 이길수 총무가 이리 뛰고 저리 뛰었을 것입니다.

그렇게 해서 드디어 3박 4일(4박 5일?) 일정의 여름수련회가 열렸습니다. 저의 대학생회 생활의 총정리를 할 수 있는 기회가 되었고, 특히 한국교회 미래상에 관심이 많았던 우리에게는 최고의 선생님에게 제대로 배울 수 있는 천금 같은 시간이 되었습니다. 아마 교회의 기능이 이상적으로 실현된다면 보건복지부나 법무부가 필요 없어지는 현실 사회, 아니 정부조차도 사라지고 새 하늘 새 땅의 세상이 온다는 어린이들이나 갖는 막연한 꿈속에 우리가 살고 있었는지도 모릅니다. 모든 회원에게 제일 소중하게 여기는 전공 서적 한 권씩을 가져와서 제단을 쌓아두고 수련회 동안 시간이 나는 대로 쳐다보면서 명상하기로 했습니다. 자기 일생의 직업을 통하여 하나님께 삶을 바친다는 상징적 의미인 것입니다. 하숙을 포기하고 허름한 기숙사로 옮기면서 아낀 돈으로 구매한 『세포생물학』(*Cell Biology*)이라는 저의 책도 제단 한구석을 차지하였습니다. '전공 서적 제단 쌓기' 아이디어는 그 후에 「영락」 잡지에 "평신도 주도형의 교회신학"이라는 초보적 글을 쓴 것이라든지 또 한참 후에 교역자와 평신도를 결합한 레이니스터(laynister=layman+minister)라는 신조어를 만들어 본 것으로 보아 다시스로 일시 도망간 요나에 대한 저의 민감성 반응이 작동한 것이었을지도 모릅니다.

아무튼 지명관 선생님의 주제 강연과 그에 대한 우리의 토론은 3일 동안 매일 오전 시간 내내 이어졌습니다. 아마도 기초적 교회론을 바탕으로 한 단계 한 단계 성숙한 교회로 가는 여정을 인도해 주셨을 것입니다. 마지막 시간에는 편한 자세로 하자고 하셔서 마룻바닥에 둘러앉아 다리를 앞으로 쭉 뻗기도 하고, 옆으로 널브러져 턱을 괴고 말씀을 듣는 등 1960~1970년대에는 있을 수 없던 자유스러운 모습이 연출되기도 했습니다. 선생님 강연 중에 「타임」(*TIME*)의 내용을 인용하여 설명하신 장면이 있었는데, 저는 얼핏 '선데이 서울' 사건이 생각나서 우리나라 젊은이들은 읽을 만한 변변한 주간지 하나도 없는 나라에 살고 있다고 기성세대에 대한 투정을 하기도 했습니다. 많이 바쁘실 터인데 우리를 위해 귀한 시간을 내주셔서 감사하다는 마지막 인사에 "나, 놀고 있어. 요즘 한가해요" 하시며 겸양하셨습니다. 그때가 선생님께서 덕성여대 교수에서 새 학기에는 덕성여고 교장 선생님으로 가시기로 예정된 때의 방학이었습니다. 막상 강연과 토론의 구체적 내용들은 제 기억력의 한계를 벗어나 있음이 무척 아쉽습니다. 사진 한 장 남아있지 않아 더욱 그렇습니다. 그 후에는 언론을 통해 간헐적으로 일본, 한림대, KBS 관련 등 선생님의 소식을 접하곤 했습니다. 지금 이 시점에도 선생님의 소중한 말씀들이 자양분이 되어 저의 일생에 막대한 영향을 끼쳤다는 확신과 자부심이 있음은 왜일까요? 작고하셨을 때 비로소 알았지만 선생님은 2년여 전에 돌아가신 저의 아버지와 동갑이셨습니다. 마음속 깊은 곳에 남아 삶의 이정표로 지금도 여전히 빛을 비춰주시는 선생님의 귀중한 사상에 대한 애정을 확인하면서 그때 그 시절 생전의 모습이 아련한 그리움으로 남습니다.

영혼을 흔드는 수업

니시무라 미키코
(국제기독교대학 교수, 교육사회학·국제교육개발 전문)

저는 1992년 4월부터 1993년 3월까지 도쿄여자대학 현대문화학부 지역문화학과 3학년 때 지 선생님 세미나 소속 학생으로 보살핌을 받았습니다. 한국문화를 공부하고, 한국어로 한국의 역사적인 문서를 읽는 세미나이면서, 한나 아렌트를 자주 인용하여 사회 정의나 역사적인 사건의 배경에 담긴 사상에 대해서 열정적으로 강의하신 것이 특히 인상에 남아있습니다. 당시의 제가 전부 이해하기는 어려웠지만, 선생님의 온화하면서도 힘 있는 어조에 함께하는 열정을 느낄 수 있었고 또한 이 사회를 더욱 개선해 나가고자 하는 선생님의 생각이 강력 전해지는 수업이었습니다. 정치적인 문제는 차치하더라도 선생님의 삶의 태도에서 전해지는 카리스마적인 퍼스널리티와 진지한 눈빛, 그 속에도 유머가 있어 따뜻한 인품을 보여 주신 점은 저에게 오랫동안 큰 영향을 주었습니다. 주말에는 홈 파티도 열어 한국 요리를 체험하게 해주시고, 우리의 끊임없는 연구를 지켜보아 주셨습니다. 그 후 한국에 귀국하시게 되었기 때문에 졸업논문의 지도교수는 되어 주실 수 없었습니다만, 우리는 대학

4학년 때도 서울의 자택을 방문해 졸업논문에 대해서도 조언을 받았습니다. 한일 관계에만 머물지 않고 국제관계론, 정치사상에 대해서 폭넓은 문헌을 소개해 주시고, 비판적이고 다각적인 시점을 일러 주셔서 저의 관심도 한일 관계로부터 교육 개발 연구를 향해 열리기 시작했습니다.

저는 현재 국제기독교대학(ICU)에서 교육사회학과 국제교육협력을 가르치고 있습니다. 지 선생님으로부터 사물을 비판적으로 파악하고, 이상 실현을 꿈꾸고, 유머 감각을 잃지 않으며 낙관주의를 관철하는 것 그리고 어느 학생에게나 기대를 품고 대화하는 것을 배우지 않았다면, 대학교수의 길로 나설 수 없었을지도 모릅니다. 당시의 여자대학에는 학생에게 어떤 기대도 하지 않은 것이 분명한 교수도 많았고, 우리 중에도 진지하게 학업에 임하는 학생은 한정되어 있어 상호 모두 진지한 학습 환경이 갖추어져 있었다고는 말하기 어려운 상황이었습니다. 그런 환경 속에서도 학생들에게 결코 기대치를 낮추지 않고 대화하는 열의를 지니고 계신 선생님으로부터 저는 "나도 무언가 할 수 있다"는, 그야말로 영혼을 흔드는 격려를 받았습니다. 선생님이 짊어지고 있던 가혹하고 혹은 복잡한 배경에 대해서는 전혀 알지 못했지만, 선생님 자신이 힘든 상황에 있으면서도 주위 사람들을 끊임없이 격려하고, 제자들에게 힘을 주셨던 것에 진심으로 감사하고 있습니다.

지 선생님, 천국에서도 그 멋진 미소로 우리를 지켜보아 주세요. 저도 미력이지만 선생님의 뜻을 계승해 한일 관계의 개선, 세계의 평화, 젊은 세대의 육성에 헌신하고 싶습니다.

다음 역사의 창조에 계속 도전한 평생

박광수
(고려서림 회장)

역사에 큰 자취를 새긴 지명관 선생님의 생애는 파란만장이었습니다. 식민지 통치하에 태어나고 자라 국권 회복과 동시에 대국에 의한 남북분단으로 고향에서 쫓겨나 대리전쟁에 의한 동족 간에 참혹한 전쟁의 비극을 거쳐 조국 분단이 계속되고 있는 가운데, 군사 독재 체제의 한 가중된 고통 중에 일본에 피난을 할 수밖에 없었던 과정이 모두 선생의 사상적인 배경이 되었다고 생각합니다.

1972년 도쿄대학 대학원 연구원이라는 자격으로 일본에 오신 후 바로 선생님을 만났는데 같은 평안북도 정주군 출신으로 김일성 정권에 숙청되어 남쪽으로 도망친 동지로서 곧 의기투합해 저는 자주 밖에서 저녁 식사를 함께하고는 선생님을 거처로 배웅하는 것이 습관처럼 되었습니다.

그 1년 후 본인은 또 1년의 일본 체류 연장이 가능할 것이라고 생각하고 있었던 것 같습니다만, 만료 1주일 전에 연장 불가라고 통보가 왔습니다. 1973년 봄 무렵입니다. 당시의 본국 정세로 보아 귀국은 피해야 한다는 걱정이 많았습니다. 본인은 "괜찮습니다. 귀국하겠습니다"라고 겉으로는 의연한 태도를 보였으나 우리가 선생의 내심을 파악하기는 쉬운 일이었습니다. 그다음 날 살 책을 고르기 위해 찾아온 카지무라 히데키 가나가와대학 교수와 다치카와의 자택에서 함께 시간을 보내면서 지명관 선생의 귀국 이야기를 했더니 카지무라 선생은 매우 걱정스런 모습으로, 만약 희망한다면 자신의 대학에서 보증하는 주선을 생각해 보겠다는 이야기였습니다. 다음날 아침 즉시 지 선생님에게 전했는데, 가능하면 부탁한다는 것으로, 카지무라 선생님은 스스로 절차를 밟아 절묘한 타이밍에 우선은 1년간의 체재 연장이 되었고, 주 1회, 가나가와대학에서 한국 문화사 강의를 하게 되었습니다. 이듬해도 재연장되어 릿쿄대학의 야마다 아키지 교수의 노력으로 동 대학에서도 한국 사상·문화사의 강의를 하게 되어 그 강의록을 기초로 고려서림으로부터 『한국 문화사』를 출판했습니다.

재연장을 거듭하면서 수년 후에는 도쿄대학을 정년 퇴직한 스미야 미키오 선생님이 도쿄여자대학장에 취임하고, 지 선생님을 객원 교수로 맞이했습니다. 당초 몇 년간의 급료는 세계교회협의회(WCC)로부터의 지원이었다고 알고 있습니다. 그 후 생활도 안정되어 부인도 일본에 오셨습니다. 1972년에 도쿄대학의 연구원으로서 일본에 온 것은 역시 동향의 정주군 출신으로 조선일보 주필이었던 선우휘 씨가 두 살 위인데, 남쪽으로 월남한 피난민끼리 한동안 지 선생님 어머니 밑에서 형제처럼 같이 살았다는 인연이었을 것입니다. 선우 주필은 박정희 대통령과는 개인적으로 친한 사이였고, 한편 지 선생님은 박정권에게는 맹 반대였지만, 선우 씨의 주선으로 일시 피난 편법에서 도쿄대학에 왔다고 나중에 알게 되었습니다.

원래 저널리스트에 가까운 소질과 소양을 지녔기도 하여 야스에

「세계」 편집장과 말이 맞은 것도, 카지무라 씨가 체류 연장에 노력해 주신 것도, 스미야 씨와의 관계도 그 인격과 소양이 높이 평가된 필연과 우연의 합치였던 것 같습니다. 저로서도 우연한 계기로 배우는 점이 많아 가족끼리의 교제까지 각별히 가깝게 대해 주신 분으로서 크게 감사할 따름입니다.

다만 20년에 이르는 일본 체재가 본인에게 있어서 바람직한 도정이었는지, KBS 이사장 시절에는 박권상 KBS 사장, 김용운 MBC 이사장과 3명이 일체가 되어 노무현 정권을 탄생시켰으나 그 뒤 노 정권에 굉장히 실망했던 모습 그리고 그렇게 혐오한 박정희 개발형 독재정권이 강렬한 국민의 반대를 무릅쓰고 일본과 국교 정상화했기 때문에 경이적인 경제 발전이 가능했다는 부분을 뒤에 술회하고 있던 점은 어떻게 받아들이면 좋을지, 저에게는 확실한 대답이 없습니다. 그러나 쉽지 않은 상황에 있으면서 불합리한 독재정권을 고발하는 붓을 15년간 한 번도 거르지 않고 지속한 것은 언젠가 반드시 실현될 조국의 민주화를 믿고 내일에 희망을 맡긴 실천적 행동이며, 오늘의 한국을 생각하면 아무리 칭찬해도 지나치지 않을 것이라고 생각합니다.

이윽고 한국의 군사독재가 끝난 뒤에는 한일 · 일한 문화 교류를 통해 양국의 가교로서 역할을 했습니다. 바로 역사에 의해 만들어진 인물이었고, 다음 역사의 창조에 도전하는 멈추지 않는 인생이었습니다. 그 사상의 근저에 있던 것은 휴머니즘의 정신이었던 것 같습니다.

잊을 수 없는 따뜻한 시간

카지 미노리
(재 일본 한국 YMCA 일본어/한국어 비상근 강사)

2022년 1월 1일에 만 97세로 천국으로 여행을 떠난 지명관 선생님. 저는 1988년부터 1989년 사이, 도쿄여자대학 현대문화학부 지역문화학과의 제1기생으로서 가르침을 받았습니다. 3학년부터는 한반도의 문화나 역사, 한일 관계 등을 폭넓게 지명관 선생님 세미나에서 지도해 주셨습니다. 또 그 후 1년간의 한국 성신여자대학에서 유학할 때에도 선생님께서 많은 힘을 더하여 주셨습니다.

선생님을 추모하면서 30년 전의 대학 생활을 돌이켜보고 또한 10년 전에 지 선생님이 미국 체류를 위해 떠나실 때, 잠시 일본에 들러 시나노마치교회에서 열린 강연회에 참석했을 때의 소감을 SNS에 투고했던 것을 기억해가며, 지 선생님과 동료들과 함께 보낸 오래전의 학창 생활을 다시 한번 되돌아보았습니다.

"2012년 5월 4일 도쿄의 시나노마치교회에서 열린 대학 은사인 지명관 선생님의 강연회에 참석했습니다. 연세가 88세, 일본에도 오랜만에 오셨고, 이것이 일본에서의 마지막 만남이 될지도 모른다는 생각이 들기도 했습니다. 처음에는 조금 작은 듯한 목소리였지만 점점 열정이 담기고, 그에 따라 목소리가 점점 젊어지셨으며, 마치 이십몇 년 전의 그 당시 캠퍼스에 있는 것 같은 착각. 한국에서, 일본에서 끊임없이 한국의 민주화운동에 앞장선 격동의 인생을 살고, 한국 귀국 후에는 한일문화교류의 선두에 서서 열린 문화교류를 일으킨 선생님. 한국의 한일의 역사를 만들어 온 선생님. 그렇지만 우리 학생들 앞에서는 언제나 온화한 미소로, '여러분, 더 공부하지 않으면 안 되지요'라고 말씀하시던 선생님. 지명관 세미나 멤버들이 선생님의 댁에 가면 사모님이 손수 만든 한국 요리를 모처럼 맛있게 먹고, 댁에 있는 와인을 모두 마시고 일어난 우리 지명관 세미나 학생들의 모습에 '정말 잘들 마시는군'이라시며 곤혹스런 미소를 짓던 선생님. 토인비의 원서를 읽으며, 내용은 머리에 잘 들어오지 않던 석양 무렵의 교실… 선생님의 음성을 들으며 선생님과의 추억이 되살아나 가슴이 터질 듯했습니다. 선생님이 걸어온 생애에 경의를 표하는 것과 함께, 역사로부터 배우는 자세를 계속 지켜나가지 않는다면, … 나쁜 제자가 될지도 모른다고 생각했습니다."

저는 지금 재일본 한국 YMCA에서 일본인과 재일 코리안, 한국 문화에 흥미를 가진 외국인에게 한국어를 가르치는 한국어 강사와 일본에 유학이나 일로 온 한국인을 비롯한 외국인에게 일본어를 가르치는 일본어 강사를 하고 있습니다. 말을 가르치는 일이지만, 말이란 문화, 문화는 즉, 그 나라의 역사이기 때문에 역사에서 배우는 자세를 잊지 않고, 작은 가교의 역할이지만 이 일을 계속해 나가고 싶습니다. 그리고 기회가 있다면 지 선생님이 해온 한국 민주화운동의 투쟁과 한일 문화교류에 대한 큰 자취를 학생들에게 이야기해 주고 싶습니다.

　마지막으로 선생님이 서거하시기 3년 전인 2018년의 가을, 옛 지명관 세미나 친구와 함께 선생님을 만나러 한국 춘천을 방문했을 때의 일. 선생님은 94세셨지만 놀라울 정도로 건강하시고, 점심 식사 후 카페에서 선생님을 위해 모인 많은 사람과 그 매력적인 미소를 머금고 가볍게 이동해 가며 여러 주제를 논하고, 이야기하셨습니다. 또 선생님 사모님께서 우리에게 선생님께는 안 들리실 만큼의 목소리로 "지금도 제일 좋아하는 음식은 햄버거야"라고 말씀하셨는데, "그 연세에 햄버거라… 과연 선생님이시구나" 하며 모두 함께 웃기도 했습니다. 1년 중 가장 아름답다고 하는 한국의 가을날 오후 커피 향기가 가득한 카페에서 지 선생님 부처와 선생님을 좋아하는 사람들과 함께 보낸 따뜻한 시간은 잊을 수 없는 추억이 되었습니다.

　천수를 다한 지명관 선생님, 아무쪼록 편안하게 잠드시기를 바랍니다.

교회에 던져진 질문

이청일
(재일한국기독교회관KCC 명예관장)

1967년 당시 제가 재일대한기독교회의 전국 청년회 조직인 청년회전국협의회(전협)와 교토교회 청년회에서 활동하고 있던 시대였습니다. 한 권의 책이 소개되어 청년회 독서회의 텍스트로 하기로 정했습니다. 『흐름에 저항하여』라는 책의 저자 란에는 지명관이라는 이름이 있었습니다. 이것이 지명관 선생님과의 '첫 만남'입니다. 당시 교회 청년들에게 있어 중요한 질문은 일본에서 "한국인·그리스도인으로서 어떻게 사는가"라는 것이었습니다. "흐름에 맞서라"라는 저자의 사상은 우리 재일 기독청년들에게 매우 그 시사하는 바가 컸습니다. 동시에 이 책과의 만남은 '한국의 교회사'를 접할 수 있는 최초의 기회가 되었습니다.

처음으로 지 선생님과 직접 만나게 된 것은 1969년이었습니다. 연세대 연합신학대학원에 유학하기 위해 온 사와 마사히코 씨에게 초대된 것이 계기가 되어 서울 YMCA에서 지 선생님을 만났습니다. 그때의 인상은 "일본인에게 매우 친절하다"는 것이 지 선생님의 모습이었습니다. 그 후 지 선생님이 일본으로 가시는 1972년까지 네 번 정도 서울에서 만나 뵙고, 재일교포 문제 등에 대해서 상담했습니다(당시 이청일은 연세대학교 신과대학에 유학 중으로, 서울에 체재하고 있었다 _ 역주).

일본에 계신 20년간 지 선생님은 재일대한기독교회에 관심을 가져 주시고, 청년회, 여성회 그리고 교회에서, 어떤 때는 강연을 통해, 어떤 때는 문서를 통해 격려하고 여러 질문도 해주셨습니다. 때때로 지 선생님은 "나는 한국의 보수적인 교회 출신"이라고 말하곤 했습니다. 지 선생님이 우리 재일대한기독교회에 남겨 주신 문서 속에서 지금도 우리가 잊을 수 없는 말이 있습니다. 재일한국인교회는 "공동체 안의 공동체로서의 교회"(『현대사를 사는 교회』, 신교출판사, 1982)라는 말입니다. 그 문장 속에서 지 선생님은 '재일 한국인의 해방'에 대해 이야기하고 계십니다. "한때는 강제 연행에서 조국으로의 귀환을 완수하는 것이 해방이라고 생각되었다. 다음에는 일본에서의 차별 구조 해소가 해방이었다. 한편 품위 있는 생활을 할 수 있는 것, 한국 민족으로서 품위 있는 생활이 영위하는 문화적 공동체를 수립하는 것이 중요하지 않을까. 재일한국인교회가 이 선교 과제를 짊어질 수 있을까. 그러기 위해서는 인적 자원을 얻어야 한다."

이것은 종교 철학자 지 선생님이 재일 9년째 되던 해에 우리 재일대한교회에 던진 도전적 질문이며, 과제이며 또한 기대였습니다. 현재도 이 질문은 재일대한기독교회에 있어서 미완의 선교 과제라고 할 수 있습니다.

또 2005년에 개최된 오사카의 사립보육원연맹 '이쿠노 블록회'가 주최한 한국 보육 연수에 지 선생님은 문화강연의 강사를 흔쾌히 맡아주셨습니다. 그 강연에서 지 선생님은 "오사카라는 지역은 동아시아에서 드문, 한국과 일본의 어린이가 공존하고 있는 지역사회입니다. 한국에는 아직 그러한 지역이 없습니다. 오사카가 평화교육의 모델이 될 수 있는 지역으로 나아가기를 바라며, 그렇게 되려면 어떻게 해야 할지 생각해 주세요"라는 말로 말씀을 마무리했습니다. 연수에 참가한 16명의 원장들은 지 선생님의 이야기에 감명을 받은 것과 함께, 큰 시사를 받았고, 그것은 그 후 각각의 보육원 교육 실천으로 연결되어 갔습니다.

지 선생님과 저는 2015년 8월 1일에 교토의 도시샤 대학에서 개최된 특별 강연회에서 마지막으로 만났습니다. 그 강연의 테마는 "전후 한일연대의 역사와 나"였습니다. 독특한 리듬을 가진 일본어로 '한일 시민의 연대'를 어필하시던 모습이 어제처럼 생생합니다.

한일의 가교 존재이며, 재일대한기독교회에 기대를 두고 격려해 주신 지 선생님의 공헌에 진심으로 감사하는 것과 동시에 앞으로도 『흐름에 저항하여』라고 하는 지 선생님의 뜻을 받드는 일에 매진하고 싶습니다.

고맙습니다.

30년 만의 재회 후

츠부라야 야요이
(도쿄여자대학 철학과 졸업생)

　　지명관 선생님과의 만남은 1974년 제가 도쿄여자대학 4학년 때였습니다. 박정희 정권에 대해 비판적이던 잡지 「사상계」가 폐간되자 지 선생님은 공부를 위해 1년 예정으로 일본에 오셨습니다. 그러나 '김대중납치사건'이 일어나 지금 한국에 돌아가는 것은 위험하다고 하라시마 아키라 학장 오가와 케이지 교수 등의 노력으로 도쿄여자대학 철학과에 객원교수의 직을 맡은 것입니다. 당시 선생님의 내력을 아는 사람은 극히 적었고, 학생인 저는 그런 사정을 전혀 알 수 없었습니다.

　　몇 명의 학생들이 영어문헌강독 수업을 받았지만, 선생님은 학생들에게 영어 번역을 해주시면서 부드럽고 친절한 해설까지 덧붙여 주셨습니다. 그리고 어려운 한자어를 가르치시기도 했습니다. 한번은 "선생님의 일본어는 대단하시네요"라고 말한 적도 있었습니다. 수업 후에 여러 번 모두를 불고깃집에 데려가 주시거나 저 자신은 그 당시 졸업 후의 진로에 대해서 선생님께 직접 상담을 받기도 했습니다. 대학원 진학 후 개인적으로 바쁘게 되어 선생님께는 전혀 연락도 드리지 못하고, 한국으로 귀국하신 것조차 신문 등으로 처음으로 알고 죄송하고 아쉬운 생각을 하기도 했습니다. 그 후 'TK생'이 자신이었다는 선생님의 고백에 무척 놀라기도 했습니다.

2013년이 되어서야 마침내 선생님께 편지를 드렸습니다. 그 2년 후에는 선생님이 일본에 오시는 것을 알게 되어 오랜만에 꼭 뵙겠다고 다짐했습니다. 긴자의 미츠코시 백화점 앞에서 삼십몇 년 만에 만난 선생님은 이전과 변함없는 모습이었습니다. 말씀을 드리자 저를 확실히 기억해주셔서 감격했습니다. 오랜 공백을 채우기 위해 그 후 4개월 반 체류중 선생님이 하는 강연 등에는 가능한 한 참석해 교토의 도시샤 대학에서의 강연에도 참석했습니다. 그때의 모습은 한일 관계 개선 방안을 찾고자 하는 의미로 여러 신문 등에 소개되었습니다.

그 후 다시 2016년 다시 일본에 방문한다는 편지를 받았습니다. 편지의 내용 중에 "고대 한일 관계에 대한 초고를 좀 쓰고 있습니다. 도쿄에 가서 초고가 완성되면, 수정·보충 그리고 입력 등의 작업을 부탁할 수 있을까요"라는 말씀을 하셔서 기꺼이 그 일을 맡게 되었습니다. 선생님이 일본에 오셨을 때 이미 원고가 완성되어 있었고, 그 원고는 2017년에 "한국사에서 본 일본사 동북아 시민의 연대를 위해"라는 제목으로 간요출판사에서 간행될 수 있었습니다. 새로 집필하신 제1장 "북동아시아의 시점에서 생각하는 한일고대사"는 한국의 『삼국사기』, 『삼국유사』와 일본의 『고사기』, 『일본서기』, 즉 양국의 고전이라고 불리는 역사서의 기술을 비교 검토해 현대의 문제를 묻는 양국의 언어·역사에 정통하고 있는 지 선생님만이 쓸 수 있는 논문입니다. 다음과 같은 기술은 선생님의 생각을 단적으로 보여줍니다. "신공황후의 '신라친정'은 일본의 조선 지배라는 허구를 역사 속에 삽입하는 것이었다고 말할 수밖에 없다"(『상게서』, 33쪽). 그리고 '기기'(記紀)의 문제를 생각하는 것은, 그것이 "메이지 이후의 근대사에 있어서는 일본의 국가 팽창의 이데올로기에까지 동원되었기 때문이다"(『상계서』, 9쪽)

저는 입력한 원고의 체크를 위해 수십 번 선생님이 머무시던 도미사카 그리스도교센터에 들렀는데, 제가 돌아올 때는 추운 때임에도 숙소에서 나오셔서 제가 골목 모퉁이를 돌아갈 때까지 반드시 배웅해 주셨습니다. 그 모습은 지금도 잊을 수 없습니다. 선생님이 식민지하에서 얼마나 불합리한 통치를 체험해 왔는지에 대해서는 이번 저서에서 "나 자신 스스로 힘겹게 경험해 오지 않을 수 없었던 근대"(50쪽)라고 하는 짧은 말로 응축되어 있습니다. 저는 아직도 차근차근 한국어 학습을 하고 있지만, 선생님이 강제와 폭력에 의해 일본어를 습득하게 된 것을 생각하면 더욱더 노력해야 한다고 생각합니다. 선생님께서 한국의 공직에서 물러나신 후 사모님에게 컴퓨터에 원고 입력하는 법을 배우도록 요청하였고, 그 후 선생님의 원고나 메일 입력은 모두 사모님이 담당하게 되었습니다. 저에게 이제는 "일본어는 많이 잊어버려 잘할 수가 없어" 하시는 사모님과 한국어로 여러 이야기를 나눌 수 있으면 좋겠다고 생각했습니다.

지명관 선생님, 오랫동안 수고하셨습니다. 그리고 제자들에게 항상 정중하게 대해 주셔서 정말로 감사합니다.

신뢰를 회복하는 경계인으로 '재일 교포'라는 존재

김성제

(일본기독교협의회 JNCC 총간사)

지명관 선생님에 대해 나는 두 가지 잊을 수 없는 추억이 있습니다. 지명관 선생님을 제가 처음 만났던 것은 확실히 1973년 1월 다카라즈카 '묵상의 집'에서 열린 재일대한기독교회청년회 전국협의회 지도자연수회였다고 생각합니다. 강연이 끝난 후에도 식당까지 지 선생님을 쫓아가 식사 중에도 선생님에게 질문을 계속한 저에게 선생님이 응해주신 말씀에 지금까지도 감사히 여기고 있습니다.

그다음의 추억은 1970년대 후반 제가 교토에서 신학생이었을 때, "지명관 선생님을 꼭 전도 집회의 강사로 모셔 주세요"라고 봉사하는 교회의 담임목사에게 부탁해서 그것이 실현된 때입니다. 강연 중에 지 선생님은 일본에 온 후 영국에 도항할 기회가 있어 대영박물관을 방문한 이야기를 했습니다. 거기서 고대사회의 거대한 건축물의 전시를 접하고, 이러한 건축물의 조성은 권력을 쥐고 있던 왕들보다 강제 노동을 위해 긁어모은 수많은 계통의 소수자들의 힘에 의한 것이라고 생각하고, 거기서 소중하게 깨달은 것은 자신이 이 일본에서 재일 한국인이라는 소수자로서 사는 사람들을 만날 수 있었기 때문이라고 생각한다고 지 선생님은 말씀했습니다. 그것은 나에게 감동의 말씀이며, 그 후에도 저를 계속 지탱해 준 것이라고 생각합니다.

저는 신학교를 졸업하고, 1982년 봄부터 1년간 한국에 어학연수를 갔습니다. 유학이 끝나기 전 연세대학교 신과대학의 교수를 방문해 갓 습득한 한국어로 재일 한국인과 재일한국교회의 이야기를 주제로 말씀을 나누었습니다. 그러나 그 교수로부터 돌아온 말은 "세계사를 보면 민족 소수자는 다수자에게 곧 동화되어 나가기 때문에 그렇게 민족의 정체성을 고집하지 말고, 일본인으로서 전도에 힘쓰라"고 하는 말씀이었습니다. 재일 코리안의 존재 이유와 의미가 사라져 버리는 그 말에 저는 기가 차 할 말을 잃고, 교수의 연구실을 나온 후 울분을 삭이던 제게 새로운 힘을 낼 수 있는 용기는 제가 그리스도의 복음과 함께 그 지명관 선생님의 '창조적인 마이너리티로서 사는 길'에 대한 말씀이었다고 생각합니다.

저의 대학생 시절인 1970년대 한일 관계에는 독특한 분위기였다고 기억합니다. 그것은 한일조약이 체결된 1960년대 중반부터, 아니 그 분위기는 이미 식민지 지배 시대부터 전쟁 후에도 계속 이어졌을지도 모릅니다. 일본의 한국과 조선에 대한 멸시하는 가치관입니다. 당시 일본 에서 한국의 정치문제에 강한 관심을 갖고 정치사회 활동을 하고 있던 '좌익'으로 간주되는 사람들을 포함해 그들로부터 대부분 들려오는 목소 리란 것은 한국의 반공 독재 체제는 굳건하다는 비판적인 견해였습니다. 그러나 나는 그런 사람들의 한국 정치 비판의 내심에도 아직 한국은 민주주의와는 거리가 멀다는, 한국 민중의 정치의식에 대한 깔보는 눈빛을 느낄 수밖에 없었습니다. 한편 한국에서는 식민지 지배를 한 일본을 용서할 수 없다는 분위기가 1970년대에 특히 식민지 지배 체험을 지닌 사람들 그리고 또 이승만 대통령 시대의 반일적 교육을 받은 사람들에게는 매우 강하다고 할 수 있었습니다.

그러나 지명관 선생님과 일본인들과의 만남은 여기에 하나의 돌파구가 되는 역사 경험이었다고 생각합니다. 지명관 선생님이 일본에서 생활을 하시는 가운데, 대학의 강의나 강연회 그리고 다양한 대화 속에서 수행한 일이란 우선 한국에 대한 차별을 날카롭게 비판하는 것보다 많은 일본인이 알지 못했던 한국의 문화, 사회 또 기독교의 역사 속에 있는 한국인의 '한'와 함께 독특한 초월의 힘이라는 드라마틱하고 풍부한 정신세계의 깊이에 대해서 명쾌하게 풀어 놓으신 것이었습니다. 그로 인해 일본인들 눈에서 비늘이 떨어지도록, 한국과 조선에 대한 이해가 바뀌어 가는 것이 아닐까 생각합니다. 이러한 인식의 전환이 지명관 선생님의 언설을 통해 조용히 일어나는 가운데, 특히 '식민지 지배나 전쟁 책임에 대해 어떻게 하면 그것을 풀 것인가' 해답의 실마리를 깊이 고민하고 있던 일본인들의 마음에 화해에 대한 희망을 계속적으로 품을 수 있게 되었던 것입니다. 그 따뜻한 마음 자락에 많은 사람이 초대받을 수 있는 경험을 한 것이라고 생각합니다. 그런 의미에서 지 선생님의 인품이란 일본의 전쟁과 식민지 지배에 대해 직접 법적으로 질문하는 지식인들이 있는 가운데 정말로 특별한 존재로 계셨던 것이며 또 저는 그런 지명관 선생님께서 만들어 나간 한일의 가교와 같은 정신적 여유 공간이 지녔던 의의를 아무리 강조해도 지나치지 않다고 여깁니다. 두 민족의 마음속에 단절이 뿌리 깊었기 때문에 해방 후에도 오랜 세월 양국 간 시민 차원의 교류마저 전혀 이루어지지 못한 시대에 일본인들에게는 꼭 필요한 만남과 교류의 경험이었다고 생각합니다.

그 의미에서 지명관 선생님이라는 존재는 그 당시 한국의 어느 지식인도 할 수 없었던 지 선생님 나름의 독특한 '재일' 지식인 또 경계 위의 지식인으로서 한일 관계의 역사 안에 빛났다고 생각합니다. 지명관 선생님 께서는 그렇게 해서 '또 하나의 재일'의 지평을 펼치는 존재가 되셨다고 할 수 있지 않겠습니까.

격변하는 세계정세 속에서 도무지 풀릴 기미가 보이지 않는 한국과 일본 간에 여전한 단절의 교착 상태를 넘어서는 빛을 찾기 힘든 오늘날에 저는 다시 지 선생님의 역할, 그 의미를 여러 번 되뇌어보고 싶습니다.

1970년대 독서회

쿠라하시 요코
(번역가)

2011년 설날 당시 경기도 안양시 동안구 비산동에 사시던 지명관 선생님으로부터 연하장을 받았습니다. 87세라는 나이를 전혀 느끼게 하지 못한 작은 글씨로 일본어와 한국어로 새해 인사를 쓰셨기 때문입니다. "오야마 사나에 씨 부부는 잘 기억하고 있습니다. 정녕 좋은 일을 하고 있다고 생각합니다"라고 되어 있었습니다. 공지영 작가의 『봉순이 언니』를 함께 읽고 있던 그녀로부터 지 선생님과 연락을 하고 싶다고 부탁받아 연락처를 가르쳐 주고, 지 선생님에게도 그 취지를 알리는 편지를 드린 것에 대한 답신이기도 하였습니다. 연하장에는 "어쨌든 건강은 유지하고 있는데, 정신없이 바쁘게 지내요"라는 내용으로 맺고 있었습니다. 그 후 2016년 9월 21일 밤 오가와 하루히사 선생 주재의 조선문화강좌에서도 동아시아 평화 구축에 대해 말씀하시는 열정을 보고, 압도되었습니다.

지명관 선생님과의 만남을 되돌아보면 우선 따뜻한 인품이 떠오릅니다. 동시에 불초한 딸처럼 저 자신을 생각해 주신 것이 부끄러워집니다.

도쿄대학 교양학과를 졸업한 후에 조선어를 신일본문학회 등에서 배웠던 고바야시 아키코 씨가 권고하여 시부야의 다방에서 뵈었을 때가 선생님과의 처음 만남이었습니다. 아키코 씨는 현재 한국에 살고 있지만, 그녀의 어머니가 식민지 시절에 교사를 했던 일에 특별한 생각이 있던 것 같았고, 그녀는 한국 유학을 하지 않았는데도 한국어로 대화가 가능했습니다. 1972년 약 1년간 서울에서 한국어를 배운 저는 한국어로 열심히 자기소개를 했습니다. 이야기 중에 함께 뭔가 읽으라고 말해 주셨고, 테라다 씨를 초대해 도쿄 에비스의 아파트에서 2~3주에 한 번씩 모이게 되었습니다. 텍스트는 「창작과 비평」에 실려 있던 백낙청의 "민족문학론"이었습니다. 자유실천문인협의회 발족 등에 대해서도 들었던 기억이 있지만, 당시 혼자 사시는 선생님을 위해 전골냄비 요리 재료를 사 가서 그것이 주가 되고, 공부는 몇 차례로 끝나고 말았습니다.

선생님의 체격을 닮은 어머님이 한국에서 오셨을 때 초대를 받았는데 말린 고비나물로 만든 반찬은 일품이었습니다. 벽장 안쪽에서 신문지에 싸인 청자를 소중히 꺼내 보여 주신 일과 일본의 거리에는 낡은 것과 새로운 것이 혼재하고 있어 재미있다는 문화론도 이야기해 주신 것이 또렷이 생각납니다. 지금은 낡은 앨범에 1974년 9월 29일에 책이 옆으로 쌓여있는 방에서 함께 찍은 사진이 남아 있을 뿐입니다. 그 해는 '일본조선연구소' 주최의 "녹두공개강좌"의 운영에 관여하고 있었기도 했고, 카지이 노보루, 이은직, 간노 히로오미, 이카리 아키라, 김시종, 정월순 씨 등을 강사로 초청해 와세다봉사원에서 한국어를 배우는 의미를 깊고 널리 알리려고 노력했던 무렵입니다. 또 한국에 유학할 때 "수재 의연금 · 새마을 운동기금 모금을 위한 17개국 외국인에 의한 최초의 한국어 연극 춘향전"(1972년 12월 중반 한국일보 소극장과 조선호텔에서 공연)에서 만났던 하야카와 요시하루 씨(1937~2021, 향단 역을 한 나의 상대역의 방자였다)가 1974년 4월에 대통령 긴급조치 위반 혐의로 체포되었다는 충격적인 사건이 일어났습니다. 한국의 비상계엄령이 선포된 1972년 10월 이후 한국 사회의 폐쇄적 분위기가 짙어져 간첩으로 몰려 재일 한국인이 정치범으로 날조되는 보도도 자주 듣게 되었습니다. 유신체제에 대한 반대 여론을 억제하기 위한 대통령 긴급조치가 잇달아 발포되고 있었습니다. 우리는 와세다봉사원에서 지명관 선생님께 한국 정치 상황에 대한 강연을 부탁한 적도 있었습니다.

지 선생님으로부터 아르바이트로 신상옥·최은희의 북한으로부터의 탈출기(『어둠으로부터의 메아리』, 이케다서점, 1988)의 초역을 부탁받거나 1990년에는 NHK 학원의 지 선생님의 텍스트에 대한 첨삭의 일을 한 적도 있었습니다. 1987년 4월 10일에는 시민단체인 '조후 물레회'의 개강 기념 공개강좌로서 "한국 문화사 서설 — 한국의 전통과 문화에 대하여"라는 테마로 말씀해 주시기도 했습니다. 녹음 테이프를 풀어서 만드는 원고로 책을 내는 일이 좀처럼 쉽지 않아 뜸을 들이는 시간이 길었는지 모르지만, 그때의 선생님 이야기는 '타로지로사'로부터 발행된 『저고리와 갑옷』(1988)에 그대로 수록되었습니다. 구독한 『역사 비평』도 아직 그대로 완독하지 못한 상태입니다. 아이들 교육에 정신이 없는 저에게 둥둥둥 큰 북의 울림처럼 늘 격려하시는 기회를 주신 일을 지금은 그리워할 뿐입니다…. 애도의 마음을 전합니다.

한국 민주화 연구를 통한 만남

영혜 서 휘트니

(오스트레일리아 국립대학 학생)

제가 처음으로 지명관 선생님과 잡지 「세계」를 만난 것은 2014년이었습니다. 당시 저는 오스트레일리아 국립대학에서 연구석사(MPhil) 논문을 위해 연구 테마를 생각하던 시기였습니다. 평소에 한일 관계에 깊은 관심을 가지고 있어 2004년 나고야대학에서 석사논문으로 "한국의 386세대(현재 586세대)의 일본관"에 대한 논문을 쓰기도 했습니다. 당시 저는 한국의 민주화운동을 견인해 온 이 세대가 앞으로 한국 정치의 중심에 서는 것이 자명하므로 그들이 지닌 일본관은 앞으로의 한일 관계에서 영향력과 함께 중요한 역할을 한다고 믿고 있었습니다.

그 후 나고야대학의 박사과정에 진학했지만, 오스트레일리아로 건너가게 되어 연구 생활에서 조금 벗어나 국립도서관에서 일하거나 대학에서 일본어나 한국어를 가르치는 일에 전념하고 있었습니다. 그러나 연구를 계속하고 싶다는 마음이 넘치고 있던 저에게 오스트레일리아 국립대학에서 다시 연구를 계속할 수 있는 기회가 찾아왔습니다. 처음 연구과제로서 한국의 민주화운동과 학생운동을 생각하고, 그 운동에는 반드시 일본으로부터 어떠한 지원이나 제휴가 있었던 것이라고 생각해서 오스트레일리아 국립도서관에서 자료를 찾고 있었던 바, 잡지 「세계」의 "한국으로부터의 통신"을 만났습니다. 'TK생'과 그 통신 내용이 준 충격은 크고, 그 자리를 떠나지 않고 몇 시간이나 조명도 희미한 서고에서 기사를 읽은 후 곧바로 'TK생'이 누구인지 인터넷으로 검색을 했습니다. 'TK생' 지명관 선생님이 라는 것과 선생님이 한국으로 돌아가 한림대학교에서 일본학연구소를 설립했고, 오랫동안 한일 관계를 위해 활동을 했다는 것을 알게 되었습니다.

급히 연구소로 연락을 했습니다. 연구소에서는 선생님이 은퇴 이후 미국의 미네소타 주로 이주하셨다는 것과 그 연락처를 가르쳐 주었습니다. 기대와 불안한 마음을 안고 보낸 메일에 선생님께서 곧 회신을 주셨습니다. 필기 우선으로 PC가 서투른 선생님을 위해 부인께서 대리로 메일을 보내주신 것을 나중에 알았습니다만, 장문의 회신을 받고 하늘을 날아가는 기분이었던 것을 지금도 기억합니다. 그 후 선생님과 사모님과의 인연은 계속되었습니다.

특히 선생님이 2015년 도쿄대학의 "한일국교정상화 50주년과 일본의 한국 연구"와 도시샤대학의 "해방/패전 후 70년 한반도와 일본"이라는 강연을 했을 때에는 현장에서 선생님의 소중한 이야기를 들을 수 있었습니다. 이때 선생님과 사모님을 처음 뵙게 되었습니다만, 도쿄에서의 만남을 계기로 선생님과의 인연은 계속되어 선생님과는 수많은 메일 교환이나 수 회에 걸친 인터뷰, 자료 제공을 받고, 무사히 논문을 써 나갈 수 있었습니다. 제 영어로 쓰는 논문은 주로 "통신"의 기사와 선생님의 생애, 민주화 투쟁, 한일 연대에 대해 쓰고 있습니다. 논문의 주제 발표 때부터 끝까지 여러 연구자와 학생들로부터는 깊은 관심과 많은 응원을 얻을 수 있었습니다.

이제는 마지막 만남이 되었습니다만, 2019년 가을에 선생님과 재회해 제 박사논문을 위해 보다 내용 깊은 인터뷰를 할 수 있었던 것에 매우 감사하고 있습니다. 그 후는 Covid-19로 여행 제한이나 국경 폐쇄에 의해 재회는 실현되지 않았습니다만, 제가 방문할 때마다 선생님으로부터 건네받은 자료나 책은 제 박사논문을 위한 귀중한 자료가 되었습니다. 특히 선생님이 자신과 같이 해외에서 싸우고 있는 지식인들에게 용기를 주고 의견을 발표할 수 있는 장을 마련하기 위해 간행한 『역사 비판』은 여기 오스트레일리아 국립도서관에도 일부가 소장되어 있습니다만, 선생님 덕분에 거의 전권을 모을 수 있었습니다. 이 전집은 나에게 평생 보물이면서 향후 연구 과제이기도 합니다.

다른 분들처럼 선생님과의 만남이 길지는 않지만, 선생님과는 수많은 좋은 추억이 있습니다. 2015년 도쿄 진보초의 후루모토야 거리를 반나절 이상 함께 걸어 돌아온 추억은 평생 잊을 수가 없습니다.

선생님은 한일 현대사에서 가장 큰 존재였고 빛나는 별이었습니다. 큰 별을 잃고 매우 외로운 기분입니다만, 선생님께서 남겨 주신 귀중한 유산을 우리 후학들이 이어 나가는 것이 남겨진 과제라고 생각합니다. 조만간 논문을 모두 끝내고 선생님께 바칠 수 있도록 연구에 정진하고 싶습니다.

'교회' 속의 '교회'

쿠라모치 카즈오

(전 도쿄여자대학 특임교수,

일본기독교단 시미즈가오카교회 교인)

　지 선생님을 처음 만나 가깝게 뵌 것은 2015년 이후입니다. 지 선생님은 이미 90세를 넘기신 때였습니다. 지 선생님을 만날 수 있었던 것은 제가 2015년부터 3년간 도쿄여자대학 한국 연구 담당의 특임 교원으로 재임한 것이 계기가 되었습니다. 그리고 지 선생님과 가깝게 교류하도록 도운 것은 지 선생님을 스승으로 모시고, 한국에 대해 뜨거운 관심을 가지고 있는 도쿄여자대학의 졸업생 여러분 덕분이라고 생각합니다.

　당시 지 선생님은 미국에 거주하는 자녀와 함께 생활하실 때인데, 일시적으로 일본에 잠시 체류하는 때였습니다. 그런 가운데 도쿄여대의 졸업생으로부터 도쿄여대로 지 선생님을 모셔서 강연회를 열자는 하는 요청이 있었고, 저에게 그것을 상의하기에 이르렀습니다. 지 선생님은 20년간 도쿄여대의 교수이셨으며, 도쿄여대에 있어서의 한국 연구의 강좌를 개척한 대선배였으므로 저는 기꺼이 그 일을 맡아 주선하게 되었습니다. 그리고 두 번, 저의 세미나와 수업을 강연회로 연결 공개하였

192 ｜ 2부 _ 선생을 기리며

습니다. 첫 번째는 2015년 7월 17일에 "한국의 민주화와 기독교", 두 번째는 2016년 12월 7일에 "한국 현대사의 딜레마에 대해서 ― 새로운 역사학을 하기 위해서"라는 제목을 붙여 강연해 주셨습니다.

저명한 지 선생님을 모시는 일에 저는 많이 긴장했습니다. "한국으로부터의 통신"에서 한국 군사정권에 대한 신랄한 비판의 필치로 볼 때, 상당히 엄격한 인품인가 해서 다소 몸을 사리고 조심하는 기분이었습니다. 그런데 실제 만난 지 선생님은 부드러운 미소로 온후한 성품, 그 자체라고 해도 좋은 분이었습니다.

이것을 계기로 선생님과는 잠시 문서를 통한 소통을 주고받을 수 있었습니다. 제가 보낸 감사의 편지나 부끄러운 논문을 보내면 반드시 정중한 답변과 코멘트를 해주셨습니다. 선생님은 PC를 사용하지 않으셨기 때문에 만년필을 사용해 꼼꼼한 글씨로 편지를 주셨습니다. 제가 특히 도쿄여대에 부임해서 시작한 한국기독교와 한국 사회와의 관계 역사, 특히 민주화운동이나 또 일본그리스도교회와의 관계의 역사에 대한 연구를 격려해 주셨습니다. 이와 같이 격의 없이 대해 주신 경험을 통해 선생님으로부터 가르침을 받은 도쿄여대 졸업생 여러분들이 선생님을 진심으로 경애하고 있는 이유를 알 수 있게 되었습니다.

도쿄여대 졸업생 여러분으로부터 선생님은 강의에서 무척 열정적으로 말씀하시는 분이라고 들었습니다만, 마침내 도쿄여대에서 개최한 강연회에서 저 역시 선생님의 열정 넘치는 강의를 체험할 수 있었습니다. 첫 번째 강연에서 인상에 남은 내용 중 두 가지만 소개하며 말씀을 마치고 싶습니다. 한 가지는 한국 그리스도인의 민주화운동에 있어 해외의 그리스도인, 특히 일본 그리스도인들이 크게 지원해 준 것을 강조하였습니다. 또 다른 점은 그리스도인의 민주화운동이라고 해도 그것은 교회

전체의 운동이 아니라 "ecclesiola in ecclesia"(교회 안의 교회)의 운동이었고, 소수의 운동이었지만 교회에서 벗어나지 않는 것이 중요하다는 것을 강조했습니다.

지 선생님은 홀어머니 슬하에서 자랐다고 쓰고 계십니다. 어느 때, "선생님은 어머니로부터 굉장한 사랑을 받으시는군요"라고 말씀드렸을 때 선생님은 매우 기쁜 듯 미소를 지으셨습니다. 그 어머니로부터 원초적인 신앙을 계승하셨습니다. 지금 천국에서 사랑하는 어머니와 재회를 하고 계신다고 생각합니다. 지 선생님, 짧은 기간이었습니다만, 깊은 사랑 진심으로 감사드립니다. 고맙습니다.

마치 '지도 교수'처럼 간절히

김승복

(출판사 쿠온, 북 카페 초콜릿 대표)

설날 일찍 지명관 선생님의 부음을 들었습니다. 97세입니다. 대청소 도중에 책꽂이에서 두꺼운 방명록을 꺼내 선생님의 메시지를 찾아 다시 보다가 가슴이 뜨거워져 스마트폰으로 찍었습니다. 다시 읽어도 놀라울 뿐입니다.

　　저는 1993년 한국으로 돌아갔습니다.

　　일본에서는 한국을 알리려고 했습니다.

　　그리고 한국에서는 일본을 알리려고 했습니다.

　　그 사이에 간다에 K-BOOK 진흥회가 생겼군요.

　　하나의 거점이 생겨서 축하합니다.

　　반세기 후, 한 세기 후에 어떤 역사가 일어날 것입니다.

　　여기에 그 새로운 역사의 모체가 생긴 것이 아닐까 생각하면 감격적입니다.

　　빛나는 미래를 이끌어주기 바랍니다.

1973년부터 1988년에 걸쳐 잡지 「세계」에 "한국으로부터의 통신"을 연재하고, 1998년부터 김대중 정권하에서는 일본의 대중문화 개방을 위해서 만들어진 한일문화정책 자문위원회의 위원장으로서 지명관 선생님이 활약할 것은 널리 알려져 있습니다. 지금 일본에 정착하고 있는 한류의 시작은 이때부터라는 사람도 많습니다. 한일문화교류회의는 1998년 당시 김대중 대통령과 오부치 케이죠 총리에 의한 한일 파트너십 공동선언이 토대가 되어서 만들어지고, 그 노력으로 한국에서 일본어 대중문화가 공식 채널로 소개되게 된 것입니다.

오랜 세월 한국과 일본 사이를 이어온 지명관 선생님과의 만남은 제 유학 시절로 거슬러 올라갑니다. "한국 문학과 일본 문학에 나타난 웃음"을 테마로 졸업논문을 쓰려고 가깝게 지내던 소설가 강영숙 씨에게 자료에 대한 상담을 했는데 지명관 선생님에게 물어보면 좋겠다고 조언을 받았습니다.

강영숙 씨는 서울예술대학 선배로 계간지 「대화」의 편집에 종사하고 있었습니다. 발행처 아카데미하우스는 한국기독교사회문제연구소가 중심이 되어 운영되고 있으며, 박정희, 전두환 정권 시절에는 정치활동가들의 아지트가 되는 등 민주화 운동가를 지원하고 있었습니다. 또 종교 간의 대화나 산업사회와 종교 등을 테마로 한 강연도 많이 진행되어 그 강연록 등이 잡지 「대화」에 그대로 게재되었습니다. 저도 유학생 시절 서울의 북한산기슭의 수유리에 있는 아카데미하우스에 가서 잡지 발송작업 아르바이트를 한 적이 있습니다. 당시 명동에 있는 명동성당이 더욱 피가 들끓는 활동가들의 장소라면 아카데미하우스는 지식인들의 토론의 장이라는 이미지가 있었습니다. 김지하 시인과 작가 오에 겐자부로의 대담도 이곳에서 열렸습니다. 아카데미하우스에 간다는 것만으로 벅찬 느낌이 들었습니다.

강 선배는 우선 깨끗한 응접실에서 간행된 잡지를 천천히 모두 읽고 나서 작업을 하도록 해 주었습니다. 배송 작업은 그다음이었습니다. 「대화」는 다른 잡지와 달리 해외의 새로운 사상이나 산업사회의 문제점과 그 해결책 그리고 무엇보다 한국 내의 정치 이슈에 대해서 가감 없이 기사를 게재했습니다. 민주화운동이 한창 활발했던 80년대 말의 일입니다. 발송 작업에 참여하는 정도였지만, 저 역시 민주화운동의 일원인 것처럼 자세를 가지런히 하고 한 권 한 권 정중하게 봉투에 넣어 발송 준비를 했습니다.

지금 생각해보면 아카데미하우스의 운영 모체가 기독교 단체였기 때문에 아마 지명관 선생님과도 깊은 관계에 있었을 것이라고 생각합니다. 자연스럽게 선생님과 선배도 가까운 사이가 되고, 저를 선생님께 소개해 준 것이라고 생각합니다. 한국과 일본을 잘 아는 선생님과 상담하면 힌트를 얻을 수 있다고 소개받았지만, 불행히도 바쁜 일정 때문에 직접 만나지는 못하고 전화로 상담을 하게 되었습니다.

선생님은 저에게 문헌자료 속에서만 웃음을 찾을 것이 아니라 일상에서 웃음을 찾아 그 웃음 안에 숨겨진 비애를 찾아야 한다는 것을 말씀해 주셨습니다. 또 베르그송의 『웃음』도 읽으라고 조언을 해주셨습니다. 쓰는 내용은 일본과 한국의 웃음이지만 다른 문화권의 사례도 알고 쓰면 더 넓어진다고 가르쳐 주셨습니다. 이 말씀은 지금도 제 가슴에 남아있습니다.

선생님이 20년 만에 한국으로 돌아왔을 무렵이니 한림대학교 일본학

연구소의 일로 매우 바빴던 시기였음이 틀림없습니다. 그럼에도 전화로 하는 이야기는 한 시간이나 이어졌고, 마치 제 지도 교수처럼 친절하게 말씀해 주셨습니다.

2016년에 지명관 선생님을 만나 뵙고, 20년 전에 무례하게도 전화로 논문 상담을 한 학생이 저였다고 고백했습니다. 그리고 가까이에서 개최된 일본의 출판 관계자들의 이벤트에 특별 강연을 급히 부탁드렸습니다.

연세가 많으시기 때문에 오랫동안 이야기하시기 어렵다고 생각해서 20분 정도 말씀을 부탁했으나 실제로는 한 시간이나 이야기를 해주셨습니다. 대단히 건강하신 할아버지! 현대는 일본과 한국 양국의 자유로운 협력이 허용되는 시대이며, 협력함으로써 새로운 시대, 새로운 문화를 창출할 수 있다고 열정적으로 말씀해 주셨습니다. 회장에는 출판 관계자뿐만 아니라 선생님의 가르침을 받은 이들과 미디어 관계 사람들도 많이 참석하여 경청했습니다. 그때의 선생님 말씀은 지금도 신선한 충격을 잃지 않고 있습니다.

"문화적 접근이야말로 한일의 정치, 외교, 역사의 대립을 극복하는 바로가기입니다."

선생님으로부터 맡겨진 "빛나는 미래를 이끌어 주기 바랍니다"라는 부탁을 다음 세대에 전하기 위해서도 중요한 키가 되는 어프로치라고 생각합니다.

(「세계」, 2022년 3월호 게재)

'경계선을 넘는 여행'의 끝을 아쉬워하며

야마모토 토시마사
(전 일본기독교협의회 총간사)

제가 처음으로 지 선생님과 만난 것은 편지 교환을 통해서였습니다. 잡지 「세계」 2003년 9월호에 지 선생님에 대한 오카모토 아츠시 편집장(당시)의 인터뷰 기사가 게재되었습니다. 제목은 국제공동프로젝트로서의 "한국으로부터의 통신"이었습니다. 기사는 지 선생님이 'TK생'이었던 것, "한국으로부터의 통신"에 대한 정보원이나 기독교 네트워크의 실상을 밝히고 있었습니다. 당시 저는 일본기독교협의회(NCC)에서 한일 관계를 포함한 국제관계를 담당하고 있었습니다. 그때까지 저에게 'TK생'이라는 이름도, "한국으로부터의 통신"도 한일의 기독교 관계자들 사이에서 도시의 전설처럼 입에서 입으로 전해지는 구전 전승이었습니다.

이 인터뷰 기사는 "한국으로부터의 통신"이 역사적 사실이며, 'TK생'이 '리얼'임을 재확인시켜 주었습니다. 저는 직관적으로 이 기사를 정보의 '운반책'으로서 일본과 한국을 왕복한 독일인, 캐나다인, 미국인 또 국제적인 그리스도인 네트워크의 사람들에게도 읽게 했으면 좋겠다고 생각했습니다. JNCC에서 이 기사를 영역하기로 했습니다. 지 선생님과의 편지 교환은 이 영문 번역과 관련이 있었습니다. 완성된 번역문을 선생님께 보냈는데 지 선생님으로부터 2004년 4월 26일부로 정중하게 손으로 쓰신 편지를 받았습니다. 내용은 영문 번역에 대한 감사와 그것을 기뻐한 것, 한일 NCC 연대의 일에 기대하고 있다는 것 등이 적혀 있었습니다. 선생님의 상냥함이 잘 전달되는 달필의 일본어로 쓰여 있었습니다. 또 지 선생님이 당시 모든 현직에서 물러나 자서전적인 문서를 정리하고 있는 것이 기술되어 있었습니다. 그리고 마지막으로 "다시 집을 이사했습니다"라고 편지 끝을 맺고 있었습니다. 이사가 많았던 저에게는 상당히 인상적인 매듭의 말씀이었습니다.

지 선생님의 생애는 이사의 연속이기도 했습니다. 북한에서 태어나 3살 때 아버지를 사고사로 잃은 후 평양에서 경계선을 넘어 어머니와 단둘이 서울로 이주하셨습니다. 이번 '추도 모임' 준비로 작성된 연표를 봐도 지 선생님은 97년간의 생애를 전적으로 활용하여 어지럽게 이동하고 계셨던 것을 알 수 있습니다. 한국, 일본, 미국을 여러 번 왕복해 자유와 정의와 평화를 찾아 발언하고 행동했습니다. 지 선생님의 유랑하는 평생은 고향에서 쫓겨난 디아스포라 유대인을 상기시킵니다. 구약성경의 시대, 고대 팔레스타인 사회의 통치자는 원주민 정착 농경민이었습니다. 사막을 전전하는 기류자, 유목민(노마드)은 신참자로서 정착 농경민으로부터 배제되어 수많은 '노마드'의 피가 흘렀습니다. '노마드'는 이동하면서 생활하였기 때문에 생명의 위험도 많았습니다. '노마드'의 지도자는 때때로 다른 사람들에게는 찾아보기 어려운 위기를 마주하고, 개인적인 혜안에 의해 통찰하고, 유목민의 백성을 순간적으로 이끌어내는 결정력이 요구되었습니다. 저에게는 지 선생님의 생애가 주어진 장소에서 선지자처럼 부조리에 대해 발언해 양의 무리를 안전한 곳으로 이끌어가는 목자의 모습에 겹쳐집니다. 식민지에서의 해방, 한국전쟁, 4월 학생혁명, 민주화 운동, 광주민주화운동, 지 선생님이 '노마드'의 선지자로 마주해야 한 과제였던 것 같습니다.

　지 선생님은 2005년에 자전으로서『경계선을 넘는 여행』을 출판(이와 나미서점)하였습니다. 그러나 선생님의 여행은 거기서 끝이 아니었습니다. 지 선생님은 만년 2012년 이후 부부가 함께 자주 일본에 오셨습니다. 도쿄의 거점으로 도미사카그리스도교센터 1층의 게스트 룸에 머무셨습니다(2014년 4~6월, 2015년 4~8월, 2016년 9월~2017년 3월 말, 합계 15개월). 도미사카에서 체재 중 지 선생님은 도미사카에서의 강연회에 더해 일본 각지를 여행하며 시민 단체나 대학에서 강연을 했습니다. 또한 출판을 위한 연구, 쓰기 등 정열적으로 활동했습니다. 2022년 1월 1일 지명관 선생님은 천국으로 떠났습니다. "경계선을 넘는 여행"을 마친 지 선생님은 이사처인 천국에서 오재식 선생이나 폴 슈나이스 씨와 여행의 추억 이야기를 즐기고 있을 것임이 틀림없습니다. 선생님, 오랫동안의 여정, 수고하셨습니다. 그리고 감사합니다.

아버지의 가장 친한 친구

최선애

(피아니스트)

지명관 선생님은 제 아버지 최창화 목사의 가장 친한 친구였습니다. 1970년대부터, 지 선생님은 기타큐슈시의 친가에 몇 번이나 방문하셨는데 두 사람이 이야기하고 있는 모습을 보면 왠지 늘 편안해 보였습니다.

그 당시 저희 가족은 한반도에 사는 아버지의 가족이나 친구들과의 교류가 거의 없었고, 아버지는 혼자 고립된 것처럼 보였기 때문일지도 모릅니다. 특히 1975년 '재일한국 · 조선인의 참정권'에 대해 국가와 지자체에 공개 질문서를 제출해 NHK에 이름의 한글 읽기를 요구하는 '인격권' 소송이나 '지문날날거부' 재판 등 연이어 재일교포의 인권운동에 매진하고 있었기 때문에 아버지는 저에게 동포 중에서도 한 마리 늑대처럼 보였습니다. 그런 아버지가 지 선생님과 이야기할 때는 정말 기뻐하시는 것 같았습니다. 두 사람은 모두 한반도의 북부 평안북도 출신이었습니다. 그 시대 조선총독부에 의한 신사참배의 강요에 저항한 목사와 장로는 체포되고 그런 교회에서 청소년 시절을 보냈습니다. 1945년 일본의 패전에 의한 해방 후에도 '북한'의 기독교인들은 공산주의로의 전향을 요구받

| 2부 _ 선생을 기리며

아 다시 탄압을 받습니다. 그로 인해 대부분의 그리스도인은 북쪽에서 남쪽으로 또는 미국으로 흩어졌습니다.

지 선생님과 아버지는 만날 때마다 아마 어렸을 때 보낸 고향에 대해 남달리 서로 이야기할 수 있는 그런 사이였다고 생각합니다. 그것은 매우 평범한 것처럼 보이지만 아버지는 저와 주변 사람들에게 북한에서 사신 경험에 대해 전혀 이야기하지 않았습니다. 경계하고 있었다고 생각합니다.

2003년 'TK생'은 지 선생이었다고 신문 보도로 알았을 때는 놀랐습니다만, 동시에 계속 안고 있던 수수께끼가 풀렸습니다. 이미 말씀드린 대로 일본 정부를 상대로 재일한국·조선인의 인권 획득을 위해 뛰어다니시던 아버지였지만 한국의 박정희 군사정권과 민주화 투쟁에 대해서는 말씀이 없었습니다. '인권'에 대해 항상 말하던 아버지가 왜 '민주화 투쟁'에 관여하시지 않았는지 수수께끼였습니다. 하지만 지 선생님이 'TK생'이었던 것을 알았을 때, 드디어 아버지가 침묵한 이유를 알았습니다. 그것은 "한국으로부터의 통신"의 출판의 방해가 되는 위험을 피하고 또 거기에 관련된 사람과 지 선생님의 동향이 새어 나가지 않도록 아버지는 일체 한반도 정세에 대해 말하지 않기로 하고 계셨던 것이 아닌가 하는 것입니다. 생각하면 1970년대 이후 쇼지 츠토무 목사와 부인 노츠코 씨로부터도 친가에 자주 전화가 걸려 왔습니다. 2003년이 되어 쇼지 츠토무 목사와 노츠코 씨는 "실은 한국에서 일본에 귀국할 때 입고 있던 옷 속에 자료나 편지를 숨겨 지명관 선생에게 가져다 주었어"라고 털어놓았습니다. 이때 드디어 한일 그리스도인들의 우직한 연대와 우정을 알았고 지금도 그것을 떠올리면 가슴이 뜨거워집니다.

2019년 5월 19일자의 편지가 지 선생님으로부터의 마지막 편지가 되었습니다. 거기에는 교편을 잡았던 도쿄여자대학 그리고 한일 간을 연대한 일본의 교회에 대한 감사의 마음이 넘치는 내용이었습니다. 지 선생님은 일본에서 만난 사람들의 양심의 목소리와 양국 시민들의 교류가 평화로의 길을 열 것이라고 확신하고 계셨습니다. "소수자지만 그 일을 계속해 나가는 것을 두려워해서는 안 된다"라는 지 선생님의 부드러운 목소리를 늘 기억해 한일의 시민이 서로 신뢰하는 것을 포기하는 일이 없도록. 선생님으로부터의 메시지를 생각할 때 그래도 마음이 평안해집니다.

마지막으로 언제나 힘이 되는 선생님의 말씀을 여기에 소개합니다.

"십자가에 매다는 쪽, 억압하는 측의 정신과 문화는 결코 보편성을 지니지 않는다. 십자가에 달리는 측, 억압 속에서 고통을 받는 쪽의 문화와 사상은 보편적, 인류적, 인간적이다. 이는 고통 받는 쪽에 주어진 특권이기도 하다"(지명관, 『현대사를 사는 교회』 중에서).

실낱같이 작은 자에게

요시모토 유키오
(한일합동수업연구회 공동대표)

우리 '한일합동수업연구회'는 25년의 역사를 지녔습니다. 이것을 만든 아버지와 같은 존재인 지명관, 전 한국 한림대학 일본학연구소장이 97세로 서거하셨습니다. 올해 1월 1일의 입니다. 지명관 선생님의 부음에 대한 기사는 많이 나와 있습니다. 지명관 선생님이 지난해 8월에 쓰러진 이후 이런 날이 올 수도 있다는 마음의 준비를 단단히 그리고 조용히 해 왔습니다. 지난해 7월 선생님과 한국에서 마지막 긴 인터뷰를 하고 우리는 번역을 서둘렀습니다.

번역은 심재현(한림대학교 일본학연구소 연구원) 조윤수(재단법인 한일역사문제연구소 연구위원) 두 분이 맡았는데, 제목은 "한일 관계를 움직이는 원동력은 시민의 힘"으로 6천 자에 이르는 역사 칼럼입니다.

인터뷰의 시작 부분에 선생님의 소개가 있습니다.

지명관. 그는 지식인이자 종교, 철학, 역사 분야의 사상가이자 정치적 대립과 투쟁의 시대를 성실하고 정확하게 기록해 온 학자이며, 한국에

서는 최고의 일본 전문가이다. 한일 관계의 탐구는 물론 비판적인 태도로 현실 문제에 대한 해결 방법을 모색하는 데 평생을 보낸 인물이기도 하다. 일본에서는 'TK생'이라는 필명으로 세계를 향해 한국의 군사정권을 고발했다.

귀국 후에는 일본의 대중문화 개방, 미래지향적인 한일 관계 구축을 위한 활동의 중심에서 활약했다. "한반도뿐만 아니라 동북아 전역에 평화로운 공존의 날이 빨리 올 것으로 기대하고 있다"고 말하는 지명관 교수. 우리 재단은 경직된 한일 관계를 풀어주는 지혜를 구하기 위해 그를 찾았다.

다음으로 선생님의 실적 소개가 이어집니다. 저는 이 인터뷰가 아마도 선생님의 마지막 인터뷰라는 점 또 그 내용도 대단히 훌륭하고 정말 세련된 것으로 생각되어 지명관 선생님에게 바치기 위해 그 번역을 진행해 왔습니다.

저는 선생님과는 1973년 이후의 만남으로 2019년 선생님의 마지막 거주지 양주시의 어느 대학이 경영하는 요양 시설에서 만났습니다. 바로

근처에 맛있는 커피를 파는 카페가 있습니다. "선생님 이제 계속해서 내년에도 다시 옵니다"라고 말씀드렸지만, 그것은 코로나 상황으로 인해 허언이 되고 말았습니다. 이 인터뷰에서는 이데올로기를 넘은 그리스도인 이자 철학자 지명관 선생님의 평생을 통한 생각을 한결같이 읽을 수 있습니다. 장례식에는 부인 강정숙 부인, 세 분의 아들이 국외에서 참석했다는 소식이 그래도 마음의 위로가 되었습니다. 지 선생님과는 일본에서 한국 문화 강좌, 1975년 일본 국내에서 '역사비판' 발상에 대한 도움, 미국 강연 여행의 수행 등 그리고 한국에 갈 때마다 선생님의 댁을 방문 많은 이야기를 들었습니다. 부음을 듣고 여기저기 연락도 해야 했지만, 마음속이 텅 빈 것 같은 느낌을 주체할 수가 없었습니다. 선생님께서 20년 전에 "요시모토 씨, 『슬픈 열대』(Tristes tropiques, 1955) 저자 레비 스트로스(Claude Levi Strauss, 1908. 11. 28~2009. 10. 30, 프랑스의 사회인류학자_역주)에 대해 대담합시다"라고 말씀하신 것이 이제는 이룰 수 없는 일이 되었지만, 그 이후의 제 학문, 교육의 큰 지침이 되었습니다. 장례식에는 부인 강정숙 씨와 자녀 형인 씨(게이오대학 교수), 효인 씨(어플라이드 머티리얼즈 임원), 영인 씨(미네소타대학 교수)가 참석했습니다. 장례식장은

서울대학교 병원, 발인은 1월 4일 오전 7시, 정말 정중히 진행되었습니다.

우연이 가져다 주는 것들

선생님과의 만남은 우연이었습니다. 저는 대학 졸업 후 중국, 한국의 잔류 고아들을 가르치는 일을 하게 되었고, 우선 아이들의 모국어인 중국어와 한국어를 배우기로 결심했습니다. 중국어는 중국어연구소, 한국어는 와세다봉사원에서 배우게 되었습니다. 한국어 중급강사는 지명관 선생님, 선생님은 어학 텍스트가 아니라 문학작품 『유정』(이광수) 강독으로 수업을 진행했습니다. 이광수는 '도쿄유학생2.8독립선언'(본문에는 '3.1 독립선언'으로 되어 있으나 역자가 '2.8독립선언'으로 바로 잡음 _ 역주)의 미문을 쓴 뒤 나중에 친일 전향자로 비판을 받게 되었습니다. 지금에 와서 생각하면 선생님의 기본적인 생각을 통해 만나 뵙는 계기가 되었습니다. 즉, 언어를 통해 사상을 배우는 인간의 내면에 접근한다는 것이 선생님의 변함없는 입장이었습니다. 그 후 1979년 '한국문화강좌'를 개설하기에 이르렀습니다. 그러나 "우연은 결코 우연히 일어나는 것이 아니다, 그 역시 준비해야 우연도 일어나는 것이다" 그것은 선생님이 말씀했듯이 마크로적 관점과 마이크로적 관점이 있기 때문일 것입니다. 선생님의 나중 거주지는 한국의 서울, 서울 교외의 안양시 그리고 최종 거주지는 대학 운영의 요양 시설이 있는 댁이었습니다. 그리고 일본에서는 와세다, 세타가야 등의 댁을 방문한 적이 있습니다. 공통되어 있는 것은 최종 거주(요양 시설) 이외는 '임시 주거', 즉 그곳은 자신의 소유 거처가 아닌 '망명자'라고 하는 선생님의 정체성에 대한 생각이 있었다고 생각됩니다. 거주하시는 집은 2개의 방, 하나는 생활의 공간, 다른 하나는 선생님의 연구 서재였습니다.

도쿄에서의 생활

선생님께서 도쿄 체류 시절인 1980년대 우리 몇 명으로 지 선생님의 댁에서 성서 연구회를 했습니다. 성서를 조금씩 매번 읽는 것이지만, 기억에 남아있는 말씀은 다음의 말씀입니다.

내가 주릴 때에 너희가 먹을 것을 주었고, 목마를 때에 마시게 하였고, 나그네 되었을 때에 영접하였고, 벗었을 때에 옷을 입혔고, 병들었을 때에 돌보았고, 옥에 갇혔을 때에 와서 돌보았느니라 이에 의인들이 대답하여 가로되 주여 우리가 어느 때에 주의 주린 것을 보고 공궤하였으며 목마른 것을 보고 마시게 하였나이까 어느 때에 나그네 되신 것을 보고 영접하였으며 벗으신 것을 보고 옷 입혔나이까 어느 때에 병드신 것이나 옥에 갇히신 것을 보고 가서 뵈었나이까 하리니 임금이 대답하여 가라사대 내가 진실로 너희에게 이르노니 너희가 여기 내 형제 중에 지극히 작은 자 하나에게 한 것이 곧 내게 한 것이니라 하시고 또 왼편에 있는 자들에게 이르시되 저주를 받은 자들아 나를 떠나 마귀와 그 사자들을 위하여 예비된 영영한 불에 들어가라 내가 주릴 때에 너희가 먹을 것을 주지 아니하였고 목마를 때에 마시게 하지 아니하였고 나그네 되었을 때에 영접하지 아니하였고 벗었을 때에 옷 입히지 아니하였고 병들었을 때와 옥에 갇혔을 때에 돌아보지 아니하였느니라 하시니 저희도 대답하여 가로되 주여 우리가 어느 때에 주의 주리신 것이나 목마르신 것이나 나그네 되신 것이나 벗으신 것이나 병드신 것이나 옥에 갇히신

것을 보고 공양치 아니하더이까 이에 임금이 대답하여 가라사대 내가
진실로 너희에게 이르노니 이 지극히 작은 자 하나에게 하지 아니한 것
이 곧 내게 하지 아니한 것이니라 하시리니(마 25:35-45).

이 가장 작은 것, "선생님의 이야기는 예수의 사랑은 평등하지 않다",
"사랑은 가장 필요한 사람에게 쏟아지는 것이다", 동시에 "우리가 만날
사람은 오히려 교회 밖에 있는 것이 아닌가" 이 말씀은 저를 두고 한
말씀 같았습니다. 제가 가르치고 있던 학교의 중국에서 온 아이들에게는
사람들이 "중국인 더러운, 바보, 돌아가"라고 합니다. 바로 그 말씀의
현실인 것입니다. 저는 선생님의 '부족한 제일 제자'라고 자부하게 되었습
니다. 이 확신으로 스스로 실낱같은 작은 자라는 것을 실감한 셈입니다.
선생님의 얼굴이 뇌리에 늘 남아있습니다. 그 모습은 언제나 웃는 얼굴입
니다. 항상 그 미소가 떠오릅니다. 선생님이 미국 강연 여행을 떠났을
때도 선생님의 미소는 끊이지 않았습니다. 아무것이 없어도 정치 상황을
포함해 언제나 자유롭게 사색하며 철학을 할 수 있는 강한 의지가 있는
선생님이었습니다. 선생님은 항상 주어진 역사, '리얼한 역사 파악'이라는
것을 잘 언급하였습니다. 선생님은 "요시모토 씨, 공부가 중요합니다.
하지만 그럴 시간이 없을 때는 영화를 보세요"라고 하시며 그리스나
북유럽 감독의 영화를 선생님과 자주 보았습니다.

저는 선생님의 변함없는 미소, 그러나 딱 한 번 선생님의 그렇지
않은 얼굴을 보았습니다. 선생님의 어머님이 돌아가신 때입니다. 선생님
으로부터 전화를 받고 가장 먼저 달려갔습니다. 도무지 상황 판단을
할 수 없는 때 침통한 모습으로 만났습니다. 이번에 그 의미를 알게
되었습니다. 선생님은 아버지를 일찍 잃고 그 후 경건한 그리스도인

어머님 밑에서 자랐습니다. 선생님의 정체성 형성에 있어 어머님은 중요한 분이었습니다. 신앙에 사는, 즉 선생님은 미래를 전망하고 최선을 다하는 지식인으로서 선지자처럼 늘 앞을 내다보고 있었던 것입니다.

맺는말

선생님은 현재 한국의 상황을 이렇게 말씀했습니다.

"역사란 이런 비혁명화 과정을 밟으면서 일상적인 사회가 되어가는 것인가? 그런 역사의 흐름 속에서 모든 인간은 왜소화되어 가는 것이 현대가 아닌가 생각하지 않을 수 없다. 그것이야말로 카리스마가 없는 시대이다. 탈 카리스마 시대, 모두가 소시민의 길을 걷는 시대, 거기에는 누구도 자기 희생을 하지 않는 평범한 시대로 가고 있는 것이리라. 이제 거기에 인내를 더하여 앞으로 나아갈 수 있는 시민적 근기가 더욱 요구된다고 할 수 있지 않을까 한다"(2010년 9월 13일).

우리가 알 수 있는 선생님의 마지막 메시지를 소개한 인터뷰입니다.

Q: 앞으로의 한일 관계를 위해 제언을 부탁드립니다.
A: 한일 관계는 어려운 국면을 많이 조우해 왔지만 양국의 관계는 새로운 단계에 접어들었습니다. 이제 그 관계가 신속하게 회복되기를 바랍니다. 문제가 발생해도, 선량한 시민끼리의 교류와 그 관계가 손상을 입어서는 안 됩니다. 정치에 좌우되지 않는 시민적 교류를 구축해야 합니다. 코로나 상황에서 양국의 직접 왕래를 할 수 없어 유감입니

다만, 최근에는 인터넷을 통해 언제라도 만날 수 있지 않습니까. 한일 시민이 함께 우호 관계를 쌓고 사이좋게 공생하기를 바랍니다. 여러분이 한일 관계를 리드하는 전문가가 되면 더욱 좋을 것입니다. 재단의 여러분들이 찾아온 덕분에 한일 관계에 대해 다시 생각하는 시간을 가졌습니다. 감사합니다(「주간금요일」 2022년 1월 28일).

선생님, 부인 강정숙 씨 그리고 두 명의 연구원

'살아남는 자의 책임' 공유하기에 앞서

쿠마모토 신이치
(전 「아사히신문」 논설위원)

저는 「아사히신문」의 문화 담당 기자로서, 지명관 선생님과의 교제를 거듭해 왔습니다. "문화의 힘으로 아시아를 아름답게"라는 마음으로 서로 통했던 것 같습니다. 동지처럼 혹은 부모와 자식처럼 친하게 지냈습니다. 선생님으로부터는 많은 것을 배우고, 여러 가지 말씀을 들은 것입니다. 그중에서 오늘은 마음에 남아있는 3개의 키워드를 중심으로 이야기하고 싶습니다.

실은 작년 여름 지명관 선생님이 뇌경색으로 쓰러지신 때와 거의 같은 무렵, 저는 말기 암이 발견되어 입원할 수밖에 없었습니다. 그후 선생님은 타계하시고, 저는 이렇게 살아남습니다. 여기서 떠오르는 선생님의 말씀이 있습니다. "살아남는 자의 수치"라는 말입니다.

선생님의 삶은 바로 파란만장이었고, 한국전쟁이나 민주화 투쟁의 시대에 친구나 동지가 차례차례로 앞서게 되었다는 말입니다. 그때마다 선생님은 "살아남는 자의 부끄러움"을 느끼고 고통을 받습니다. 즉, "이런 위기의 시대에 무사히 살아남는다는 것이 얼마나 비양심적이고 둔감한 것인가"라는 부끄러움이었다고 합니다. 미움받는 사람이 오히려 세상에서 인정받고, 나쁜 녀석일수록 살아남아 좋은 사람부터 죽어 간다는 그런 실감이 이 말씀에 담겼을 것입니다. 지금 저는 선생님의 영령 앞에 '살아남는 자의 부끄러움'을 조용히 스스로 되묻고 있습니다.

'살아남는 자의 부끄러움'을 자각하면 '살아남는 자의 책임'이 과제로 부상합니다. 거기서 힘이 되는 것이 나머지 두 개의 키워드, 즉 '시민의 양식'이라고 하는 말과 '좋은 중개자'라고 하는 말이 될 것입니다.

'시민의 양식'에 대해 말하자면, 저는 선생님이 부음을 받고 「아사히신문」에 쓴 평전의 마지막 부분에 선생님의 다음과 같은 말씀을 소개했습니다.

"정부가 뭐라고 하든, 우리 국민은 이런 식으로 교류하면서 가슴을 넓히고, 자신감을 가진 국민이 되지 않으면 안 됩니다. 그것이 한일뿐만 아니라 향후 아시아의 방향, 옹졸한 국가권력에 대해 '시민의 양식'이 이겨나가지 않으면 안 되지요."

한국뿐만 아니라 홍콩이나 동남아시아 등에서도 민주화가 후퇴하고 있는 지금이기 때문에 선생님의 유언이 무겁게 가슴을 울린다는 것이 제가 쓴 평전의 마무리였습니다. 지금 우크라이나에서도 국가와 국가가 대립하는 전쟁에 의해 민중, 시민이 죽거나 가족이 흩어지거나 끔찍한 상황이 우리 눈 앞에 펼쳐지고 있습니다. 그 민중, 시민의 양식이 옹졸한 국가권력을 이기기 위해 필요한 것이 세 번째 키워드, 즉 '좋은 중개자'입니다.

한국이야말로 '좋은 중개자'가 되어야 하는데, 그렇지 않은 것에 대한 선생님의 분노도 컸습니다. 예를 들어 중국과 일본이 대립했을 때 한국이

사이에 서서 중재하고 양쪽을 달래는 역할을 해나가는 것이 지정학적으로도 역사적으로 더 이를 말이 필요 없을 정도인데, 오히려 한국이 그 갈등을 부추기는 일을 하고 있다, 이는 터무니 없는 일이다라고 하는 분노였습니다.

제가 선생님을 마지막으로 만난 것은 2019년, 3년 전입니다. 그 후는 코로나의 유행으로 한국에 갈 수 없게 되어 버렸습니다. 그 마지막으로 만났을 때 이런 말씀을 하셨습니다.

"지금은 한일 관계는 잘 나가고 있지 않지만, '그런 시대도 있었구나'라고 되돌아볼 때가 반드시 와요."

저도 완전히 그 말씀에 동감입니다. 선생님의 유언을 철저히 받아들입시다. '살아남는 자의 부끄러움'을 자각하고, '시민의 양식'을 발휘해 '좋은 중개자'로서 아시아의 새로운 시대를 구축해 나가지 않으시렵니까.

'결의 표명은 잘하는 남자'. 저는 아내로부터 자주 그런 말을 듣습니다. 자주 결의 표명은 하지만, 실행이 수반되지 않는 것을 비판하고 있는 것입니다. 그렇지만 오늘의 이 결의 표명은 지키지 않을 수가 없습니다.

세 개의 키워드를 반복합니다. "살아남는 자의 부끄러움", "시민의 양식", "좋은 중개자" 이 세 가지 단어를 이 자리에서 공유하고 내일을 향해 발걸음을 내디디자. 여러분과 함께 선생님의 영전에 맹세하고, 추도의 말로 대신하고 싶습니다.

선생님, 오랫동안 정말로 감사합니다. 아무쪼록 편히 쉬십시오.

한국 아빠

나나세 아유코

(작곡, 편곡가)

저는 지 선생님께서 돌아가신 어머니(1923~2018, 도쿄여자대학 명예 교수)의 동료라는 인연으로, 30년 이상 전부터 교류하였습니다. 어머니와는 왠지 의기투합하신 것 같고, 어머니도 지 선생님의 고결한 인품을 접할 때 늘 신뢰를 보였고, 자연스럽게 좋은 관계를 만들어 온 것 같습니다. 당시 50대에 타계한 아버지를 잃은 우리의 입장을 살펴주셔서 언제나 자연스럽게 다가와 주셨던 일이 지금 생각하면 역시 지 선생님다운 일처럼 보입니다. 어머니의 전문 분야이던 철학 계통의 학문인 미학의 시야를 살려 가면서도 조금 떨어진 입장으로 활동하기 시작한 문예평론으로 방향 전환을 할 때도 적극 밀어주시고, 공개적인 발표의 기회를 주신 것도 지 선생이었습니다. 어머니가 도쿄여자대학을 퇴직할 때 송별의 문장을 써 주신 것도 지 선생님이며, 그 견고한 신뢰 관계는 잘 알려진 사실이었습니다.

'한국의 아빠'라고 제가 부르는 것은 그런 아버지가 돌아가신 후에 확실한 존재감으로 우리의 정신세계를 지지해주신 중요한 한 사람이었기 때문만은 아닙니다. 한국에 귀국하신 이후에는 제가 중심이 되는 긴 교류 속에서 선생님은 저에 대해 연령, 성별, 직업 등의 입장을 뛰어넘어 왠지 인간으로서의 '동지'와 같은 태도로 언제나 대해 주셨기 때문이라고 생각합니다. 이러한 사실은 2022년 5월의 '지명관 선생님 추모의 모임'에서 전해진 가슴 뜨거운 여러 메시지의 구체적인 말씀들에서도 다시 한번 확인할 수 있었습니다.

저는 음악가이기 때문에 지 선생님과의 관계를 가장 저답게 표현하는 수단은 역시 음악 작품이라고 생각하게 됩니다. 졸작 <코리아풍 델리카트>(플루트 삼중주, 악보 무라마츠 오리지널 시리즈 50에 수록, YouTube로 연주 시청 가능)는 한국에 귀국한 지 얼마 안 되어 아직 조금은 일본이 그리운 기분도 남아 계신 지 선생님의 권유로 서울을 방문해 매일 행동을 함께했을 때의 인상을 담은 곡(1993년)입니다. 자신의 작품에 대해 설명하는 것은 어색한 일이라고도 할 수 있지만, 조금 배경을 소개하고 싶습니다. "처음으로 삶에서 듣는 한국어의 울림이 매우 복잡하고 섬세하게 느껴진 것, 그리고 각각의 역사를 짊어진 이국인이 서로 만날 때의 섬세한 염려"(서문 중)라는 당시의 생각을 기반으로, 음악 만들기는 한국의 샤머니즘의 음악(무당)과 같은 구성으로, 농악(사물놀이)이나 판소리, 산조의 느낌도 포함했습니다. 곧 작곡한 지 30년이 되지만, 이 곡에서는 지금도 지 선생님과 함께했던 행복감이나 생기를 느낍니다. 한일 사이에 흐르는 다양한 다른 것도 전제로 하고 있음에도 불구하고 말입니다. 왜 그럴까 생각해보면 추도 모임에서 그리스도인으로서 지 선생님에 대해서 몇 분이 말씀하시는 것을 듣고, '과연 그렇구나' 납득할 수 있었습니다. 선생님의 사상 근저에는 그 깊은 신앙을 기반으로 한 '빛'과 같은 온화함과 밝기 그리고 확실한 희망이 있다는 것. 음악이 말 이외의 것을 호흡한다고 하면, 이 곡은 선생님의 그러한 톤을 비추고 있을지도 모른다고 느꼈습니다.

어머니는 선생님보다 한발 앞서 세상을 떠났습니다. 그것을 알리는 편지를 당시 선생님이 미국에 계실 때의 주소로 많은 사진과 함께 보냈습니다. 장례식 동안 정중하게 어머니를 보내드리는 일을 흩어짐 없이 해냈는데, 지 선생님께 편지를 쓸 때만은 왠지 많은 눈물이 흘렀습니다. 어머니에 대한 회개가 선생님으로부터의 마지막 편지가 되었습니다. 한국으로 돌아와 마지막 거주지로 옮기신 후 그 편지에는 "늙음은 서럽다"라고도 쓰여 있어 가슴이 먹먹했습니다. 그러나 "작금의 한일 관계에 대해 걱정하고 있지만, 인간사회라는 것은 그런 것이라고 생각한다"라는 한 구절은 지 선생님답게 건재하고 계시다고 생각했습니다.

'한국의 아빠' 지 선생님 감사합니다. 명복을 기원합니다.

지 선생님의 '웃음'

후루카와 미카
(조선미술문화연구)

지명관 선생이라고 하면 늘 떠오르는 것은 '웃음'입니다. 만난 사람들
의 마음을 비추고 어떤 세상이라도 "희망이 있다"라고 따뜻한 등불을
건네주시는 듯한 '웃음'.

지 선생님은 한국의 민주화를 위해 'TK생'으로 군사독재 정권을
고발하고 동시에 일본과 한국, 동아시아의 '적대관계'를 '수평적인 평화의
관계'로 역전하는 일을 포기하지 않았습니다. 희비가 교차하는 어려운
행보 속에서 지 선생님의 '웃음'은 어떤 인간이라도 받아들인다는 신념으
로 나타났던 것이 아닐까 합니다. 'TK생'이라는 위험한 사명을 관철하기
위해 '웃음'은 의심하는 감시의 눈초리마저 순식간에 녹여 타인과 자신의
쌍방을 해방하는 커뮤니케이션의 하나였는지도 모릅니다. 그래서 우리는
지 선생님으로부터 정치적 현실과 이데올로기를 넘는 지혜의 빛을 느낄
수 있었던 것입니다. 그러나 때로 그 미소는 국가의 좁은 틈새에 몸을
기댄 채 오히려 날카로운 시선으로 변모해 세계를 '명확'하게 '쏘아 보는'
지혜로운 눈과 사상이 되어 발신되었습니다.

되돌아보면 저와 한반도와의 만남에도 이 '웃음'이 관계되어 있습니다. 경주 석굴암 불상의 '웃음'이나 고분의 아름다움을 접하며 충격적인 감동을 받은 것이 출발점이기 때문입니다. 더욱이 한국의 격렬한 민주화운동에서 정치비판을 빛나는 '웃음'으로 전환시키는 문화가 있다는 것도 알았습니다. 그리고 민주화운동에 호응하는 민중미술을 연구하려고 한국에 유학했고, 귀국 후 도쿄대학의 오가와 하루히사 선생 밑에서 연구생으로 있을 무렵 지 선생님을 소개받았습니다. 하지만 실은 중고등학교를 재학한 '여자학원'에서도 당시 오시마 코이치 원장이 마련해 주신 지 선생님의 강연회에서 이미 뵌 적이 있었던 것은 나중에 깨달은 것입니다. 그리고 지 선생님이 긴 일본 생활을 마치고 한국으로 돌아온 1993년 저도 서울에 있는 주한일본대사관에 전문조사원으로 근무하게 되었습니다. 지 선생님은 한림대학교 한림과학원 일본학연구소에서 일본 문화 소개나 한일교류 실천에 힘을 쏟고 있어 가끔 일본대사관을 방문해주셨습니다. 또 서울에서 혼자 살았던 저를 선생님 부부는 크리스마스 예배에 데려가 주시고, 아드님이 서울에 왔다고 해서 식사에 초대해주신 적도 있었습니다. 언제나 결코 그렇다고 특별하지도 않은, 부드럽게 미소 짓는 모습이셨습니다.

2020년 9월 한일 시민이 함께 "지금이야말로 한일 관계의 개선을"이라는 성명을 내신 전후 2019~2021년에 저는 지 선생님 부탁으로 메일을 번역해 일본의 관계자에게 전하라는 역할을 맡았습니다. 거기에는 "10년 이내에 한일 관계는 중요한 고비를 맞이할 것이다. 우리는 여기에 현명하게 대처하고 그 힘으로 남북 관계, 중국 문제라고 하는 세계사적 과제를 안고 있는 아시아와의 관계를 잘 도모해야 한다"고 적혀 있었습니다. 그리고 "한일의 역사를 생각한다 - '하가쿠레'와 '목민심서'에 대해서"(에도 시대 중기의 무사들의 수양서 『하가쿠레』와 조선시대 실학자 정약용의 저서 『목민심서』도 화제로 삼았고, 한일 관계를 비판적으로 비교한 논고도 함께 보냈습니다.

여기서 지 선생님은 한일의 '무'와 '문'의 문화, 정치 풍토를 비교해 기독교적 관점도 도입하면서 "양국이 현대에 있어 어디로 향해야 할지 아마 이것이 내 마지막 과제"라고 목소리를 높이고 있었습니다.

다시 지 선생님이 조선민주주의인민공화국 평안도 정주에서 태어나 해방 후 북쪽에서 남하해 한국으로 건너간 것을 새삼스럽게 생각합니다. 만년에 북쪽을 방문해 엄격한 눈으로 바라보고 말씀하지 않고는 가만히 계실 수 없었던 선생님 스스로의 심정은 어땠을까. 그러나 그래도 지 선생님은 "국토의 분단이라고 하는 민족의 아픔, 지정학적 운명"(지 선생님의 말씀)을 보자면 굳이 '북'에 대해서는 거론하지 않고, 더 나아가 시민의 입장으로부터의 동아시아 연대를 호소했습니다.

저세상으로 여행을 떠난 지 선생님은 38도선을 넘어 북쪽의 고향 하늘을 자유롭게 오가고 있을까요. 어떤 상황에서도 사람을 존중하며 '인간다운 시대'의 회복을 목표로 한 지 선생님의 '웃음'은 남겨진 우리의 이정표처럼 세워져 있습니다. 그 빛을 잃지 않고 자신이 처한 곳에서 무엇을 할 수 있을지 계속 생각해 나가고 싶습니다.

지 선생님, 정말 고맙습니다. 이제야말로 자유롭게, 마음껏 영혼의 여행을 하시기 바랍니다.

'추모 모임' 소회

기타노 류이치
(「아사히신문」 편집위원)

2022년 1월에 서거한 지명관 선생을 추모하는 '추도의 모임'이 2022년 5월 14일, 도쿄도 분쿄구의 도미사카그리스도교센터에서 열렸습니다. 한일 양국을 이어 온라인으로 중계되어 200명 가까운 사람들이 원격 시청의 형태로 참여했습니다.

이삼열 한국대화문화아카데미 이사장에 따르면 지 선생은 한국전쟁에 동원돼 "동족끼리 살육전에서 잔혹한 죽음을 목격한 뒤 생명 존중의 사상과 인도주의 윤리에 깊은 관심을 갖게 되었다"라는 것, 1960년대 군사독재 정권에 의한 언론 탄압으로 한국에서의 활동 거점을 잃고 1972년에 일본으로 와서 "자유로운 일본에서 망명 지식인으로서 살아가는 어려운 길을 걷게 되었다"라고 합니다.

이와나미서점의 월간지 「세계」의 야스에 료스케 편집장과 만나 1973년 5월호부터 'TK생'이라는 필명으로 "한국으로부터의 통신"의 게재를 시작, 한국이 민주화를 이룬 1988년 3월호까지 이어졌습니다.

자료는 한국 내 민주화운동단체의 성명문이나 여러 집회 혹은 대학에서 뿌려진 삐라 등 위험을 감수하고 한국에 들어간 외국인 선교사 등에 의해 비밀리에 반출되어 기독교 관계자의 국제적인 네트워크를 거쳐 일본의 지 선생에게 전달되었습니다. 지 선생은 한국에서 도착한 자료를 바탕으로 원고를 정리하는 '앵커맨'의 역할을 했습니다. 200자 원고지 50~70장의 원고를 매회, 하룻밤에 단번에 썼다고 합니다. 야마구치 마리코 씨는 1978년부터 6년 반, 「세계」 편집부에서 지명관 선생의 자료나 원고의 교환을 담당했습니다. 원고 전달은 가능하면 공중전화로 야마구치 씨에게 연락했습니다. 도청의 우려도 있어 대화는 필요한 것만 최소한으로 "아, 고맙소"라고 인사하고, "30분 후에"라든가 "몇 시에", "곧바로"라고 전하면, 곧 끊어졌다는 것입니다.

원고 전달 장소는 지 선생이 와세다에 살았을 때는 에도가와시, 게이오선 메이다이마에 역 근처로 자택을 옮기고 나서는 가까운 역의 플랫폼이었습니다. 야마구치 씨는 원고를 받으면 인쇄소에서 다른 원고용지에 써 사본을 떴습니다. 지 선생의 필적과 문장의 특색을 고쳐 필자가 특정될 수 없게 하기 위해서였습니다. 「세계」 편집부에서는 "선생님"이라고만 불러, 실명으로 부르지 않았다고 합니다.

지명관 선생은 당시를 이렇게 되돌아보았다고 합니다. "일본 주재의 KCIA(한국 중앙정보부) 부원 중에는 꽤 사실을 알고 있는 사람이 있었습니다. 나라고 알고 있었지만, 보고하지 않은 것 같습니다. 조직에 대한 충성심이 높지 않았는지 아니면 견고하게 보이지만 그 체제가 갑자기 뒤바뀔지도 모른다고 생각했는지."

야스에 씨 뒤를 이어 「세계」의 편집장을 맡은 오카모토 아츠시 전 이와나미서점 사장은 이렇게 술회했습니다. "자신의 정체를 밝히지 않고 '한국으로부터의 통신'을 매달 계속 쓰기 위해 얼마나 주의를 깊게 기울여 살고, 주변 사람들과 관계자들에게 얼마나 배려해 가면서 그 나날을 보내셨는지. 때로 감출 일도 많았을 것이며, 무시하지 않으면 안 될 일도 있었을 터이다. 그 마음 아프고 고통스럽던 일은 아마 우리는 상상할 수 없을 것이다."

'추모모'에서는 간사이에서 교류한 재일한국기독교회관의 이청일 명예관장과 오키나와에서 교류한 다카사토 스즈요 전 나하시 시의원도 당시를 되돌아보았습니다. 피아니스트 최선애 씨는 키타큐슈에서 아버지 최창화 목사가 지 선생과 교류한 추억을 말하고, 쇼팽의 <이별의 곡>을 연주했습니다.

지 선생은 1993년에 귀국해 한국 춘천의 한림대학교에 일본학연구소를 설립, 일본의 서적 100권 이상을 한국어로 번역 출판하였고, 일본의 지식인들을 한국으로 초청하여 문화교류를 진행했습니다.

히구치 요코 씨는 한국에 유학한 후 지 선생 밑에서 한림대학교 일본학연구소에 근무했습니다. "지 선생님으로부터 인간성이나 그 사상에 무언가를 얻고, 또한 받은 씨앗이 새싹을 틔우게 합니다. 사람이 할 수 있는 일에는 한계가 없다고 생각했습니다."

한일의 대립이 심각해졌을 때도 지명관 선생은 그 교류의 중요성을 계속 호소했습니다. 쿠마모토 신이치 전 「아사히신문」 논설위원은 지 선생의 다음과 같은 말씀을 소개했습니다. "정부가 뭐라고 하든, 우리 국민은 이런 식으로 교류하면서 가슴을 넓히고, 자신감을 가진 국민이 되지 않으면 안 됩니다. 그것이 한일뿐만 아니라 향후 아시아의 방향, 옹졸한 국가권력에 대해 '시민의 양식'이 이겨나가지 않으면 안 되지요."

선생님을 통해 '한국'을 만나

후루타 세츠코

(전 고등학교 도서관 사서)

"이번에 <겨울의 소나타>라는 드라마가 시작되니 꼭 보세요"라고 한 학생이 말했습니다. 그 무렵 한 고등학교에서 도서관 사서를 하고 있던 저는 학생들에게는 책을 권하는데 학생이 권한 드라마를 보지 않을 수 없다고 생각해 한국 드라마를 보기 시작했습니다. 몇 개를 보는 동안 완전히 포로가 되어 버렸습니다.

확실히 깨달은 것은 저 자신이 한국에 대해 아무것도 모른다는 사실었습니다. 그래서 도서관에 있는 한국 관계 책을 읽으려고 결심했습니다. 그런 때에 만난 것이 『인간적 자산이란 무엇인가』라는 지명관 선생님의 책이었습니다.

1993년에 한국으로 돌아온 선생님의 광주민주화운동 제13회 기념추모식을 TV로 보면서 예를 들어 일본에서 일본인들이 느끼는 전쟁 시기 '피폭의 현장'에 함께 하지 못했던, 고통스럽고 슬픈 역사적 심정의 경험처럼 선생님도 광주에서 그것을 함께 체험하지 못했다는 사실에 가슴이 아프다는 것을 느꼈습니다. 그러나 "아니, 그건 아니야…"라고 생각했습니다. 선생님은 한국에는 안 계셨지만 민주화운동을 위해 싸웠습니다. 그렇게 말씀드리고 싶었습니다.

제 그런 감상이 이와나미서점을 통해 선생님에게 전해졌는지 선생님으로부터 회신이 왔습니다. 기뻤습니다.

그리스도인 부모님 슬하에서 자란 저는 아버지에게 쓰는 것처럼 아무런 부담도 없이 선생님께 편지를 썼습니다. 영화 <러브 스토리>, 김지하, 좋아하는 작가의 이야기, 등산 중에 사고로 죽은 선배의 이야기 등이었습니다.

바로 그 무렵 아이치대학에서 선생님의 강연회가 있음을 알려주셨기 때문에 참석했습니다. "일본과 한국은 나라와 나라의 관계는 어려운 문제도 많지만 사람과 사람은 더 연결될 수 있다고 생각한다"라고 말씀했습니다.

"선생님, 그러기 위해서는 역시 언어가 중요하군요. 저 은퇴하면 한국어를 공부할 겁니다" 무심코 말했습니다. 그다음 해에 퇴직을 하고, 집 근처에는 한국어를 가르쳐 주는 곳을 발견하지 못해 매주 1회 나고야 한국어 학교에 다녔습니다. 가족이 한국에 유학해도 좋다고 했으므로 고려대학교 한국어학당에 3개월 동안 유학했습니다. 당시에는 잘 듣지 못하고 말하는 것이 어눌했기 때문에 말은 능숙하지 않았지만 한국 사람이나 그 생활을 조금 알 수 있었습니다.

"야~ 정말로 왔습니까" 하고 선생님은 말씀해 주셨습니다. 어떠한 맥락이었는지 기억이 잘 나지 않지만, 한국에 있는 동안에라도 교회에 나가라고 말씀했고, 이웃 교회에 한 번 출석했습니다.

매년 여름에는 남편과 함께 한국에 갔습니다. 소설 『태백산맥』의 무대 벌교에서 시작하여 여러 곳을 돌았습니다만, 어디에 가도 친절하게 반겨주었습니다. 선생님이 미국의 아들네 댁으로 갈 때 송별회에도 갔습니다만, 선생님의 소중한 시간을 방해하지 않으려 생각해서 새 주소를 묻지 않았습니다. 건강하게 계시는지 언제나 걱정을 했으나 어디에 안부를 물으면 좋을까 고민했습니다. 그런데, 한국으로 돌아오셨네요.

이번 추도 모임으로 선생님의 장남께서 "아버지가 하고 싶은 일, 해야 한다고 생각하던 일을 하며 사신 것이 아닐까"라고 말했을 때 저 역시 정말로 그랬다고 생각했습니다.

선생님을 뵙고 한국을 좋아하게 되어 제 새로운 시야가 열렸습니다. 이것을 어떻게 널리 확산시켜 펼치면 좋을까 생각하고 한국에 흥미를 갖는 사람을 더 늘리고 싶어졌습니다. 그래서 "한국어로 노래하고, 한국 노래를 듣는 모임"이라는 작은 모임을 세 번 열었습니다.

최근 <미스터 션샤인>이라는 드라마를 보았습니다. 20세기 초반 한국에 열강국가가 들어오고 일본인의 악랄한 장면도 많이 표현되고 있습니다. 그것이 사실이라도 보는 일 자체가 괴로워집니다. 보고 있는 한국 사람들은 어떤 기분일까요. 그것을 인정하면서도 사람과 사람 사이는 더욱 연결될 수 있다고 말씀하신 선생님을 만나 어떻게 하면 진정으로 서로 연결되는지 다시 여쭈어보고 싶습니다.

권해주신 세 권의 책

히구치 요코
(전 한국 한림대학 일본학연구소 연구원)

저는 도쿄여자대학 현대문화학부 지역문화학과의 제1기생으로서 1988년에 입학, 지 선생님에게는 2학년부터 '조선어'(당시의 강좌명)를, 3학년부터 '조선 문화 연구'라고 하는 선생님의 세미나를 수강하고, 그 후 인연이 되어 선생님께서 시작한 한림대학교의 일본학연구소에서 일할 기회를 얻었습니다.

대학을 졸업한 지 올해로 30년이 됩니다만, 대학에 입학할 때까지 거의 아는 것이 없었던 이웃 나라의 문화나 언어에 대해 매일 놀라움 가득히 배웠던 것을 기억합니다.

한일 관계에 대해 책에 쓰여진 것보다 '지명관'이라는 한 사람에게서 생생하게 증언된, 마치 제가 그 역사의 시공간에 있던 것처럼 느끼면서 수업을 받은 것 같습니다. 식민지 시대 초등학생이었던 지 선생님의 복잡한 기억과 삶의 실루엣 같은 모습은 그 어떤 역사책을 읽는 것보다 가슴에 깊이 다가들었습니다.

졸업 얼마 후 지 선생님이 소장을 맡은 한림대학교의 한림과학원 일본학연구소의 기초작업을 돕게 되어 1995년 3월부터 선생님 밑에서 일하게 되었습니다. 김대중 정권이 탄생하는 등 때마침 한일 관계가 좋은 시절이었기에, 사실 여러 가지 일이 있긴 있었습니다만, 그 하나하나의 추억은 지금 와서 생각하면 저에게 소중한 보물 그 이상이 아닐 수 없습니다.

한국으로 돌아와서 정말 아무 기반도 없는 조건에서 일본학연구소 설립에 분주하신 선생님을 보면서 "사람, 한 사람이 할 수 있는 일에는 정말로 한계가 없구나"라고 진심으로 놀라고 그렇게 생각했습니다. 인간에 대한 확고한 신뢰를 갖게 된 것도 선생님을 가까이 접하고 확신케 된 것 같습니다. 저 자신에게도 무언가 '사명'과 같은 것이 있을 것이라는 생각을 조금은 지니게 된 것도 그 무렵부터입니다.

어쩌면 선생님에게서 배운 많은 졸업생도 선생님으로부터 얻은 학은뿐만 아니라 그 인간성과 사상과 행동을 통해 각각의 가슴속에 무언가를 얻었을 것이고, 지금도 그것을 소중히 지니고 있을 것입니다.

어떤 형태가 될지는 모르겠지만, 선생님으로부터 받은 그 무언가의 '씨앗'은 자신이 살아 있는 동안에 반드시 싹 틔우고 다음 세대에 전하고 싶습니다.

"그리고 우리에게 남겨진 아름다운 것들과 좋은 것들은, 아무리 작은 것이라도 감사하고 즐겁게 여기는 것을 결코 잊지 않도록 합시다."

이는 대학을 졸업할 때 지 선생님이 졸업생에게 보내신 말씀으로 로자 룩셈부르크(Rosa Luxemburg, 1871~1919, 독일의 여성 철학자, 혁명가 _ 역주)의 편지 한 구절입니다. 졸업 문집의 메시지에는 "더 깊게 사랑하고,

생각하고, 세계를 바라보기 위해서"라며 이 로자의 말씀과 함께 에리히 프롬의 『사랑한다는 것』, 미키 키요의 『철학 입문』, 칸트의 『영원의 평화를 위해서』라는 세 권의 책을 추천해 주셨습니다. 30년이 지나 우연히 다시 이 메시지를 접할 때 선생님은 이미 이 세상에 계시지 않았습니다.

이 말씀의 진정한 의미와 왜 이 책을 추천해 주었는지 그때는 솔직히 이해하지 못했습니다. 그러나 지금이 되어서야 마침내 선생님이 어떤 기분으로 우리에게 이 말씀을 주셨는지 알게 된 것 같습니다. 앞으로는 그것을 결코 잊지 않고 우리가 할 수 있는 일을 해나가고 싶습니다.

지 선생님, 오랜 세월 정말로 감사합니다.

선생님의 명복을 진심으로 기원합니다.

< 추 모 사 >

지명관 선생님의 안식과 영면을 기원합니다

(사)기독교민주화운동재단 회원 일동

새해 첫날 지명관 선생님의 부음을 접하며 한 시대가 막을 내리고 있다는 사실을 직감했습니다. 1924년에 태어난 고인은 식민지 시대, 해방, 한국전쟁, 4.19, 5.16, 10월 유신, 민주화운동, 민주 회복으로 이어지는 현대사의 격랑을 헤쳐 오셨습니다. 고인의 삶 자체가 한국 현대사입니다. 1960년대에 고인은 덕성여대 철학 교수를 역임하였으며, 당시 한국 사회의 나침반 역할을 했던 「사상계」 주간을 맡은 실천적 지식인으로 활동하였습니다. 유신 전야인 1972년에 일본으로 피신한 고인은 1993년에 귀국할 때까지 공식적으로는 도쿄여자대학 교수의 신분을 가지고 있었지만 실제로는 장막 속에서 비밀리에 실천적인 민주화운동을 전개하였습니다.

우리는 생명의 위협을 감수하며 장기간 해외 민주화운동에 헌신한 고인에게 큰 빚을 지고 있습니다. 고인의 가장 위대한 업적은 박정희 유신 정권의 폭압 속에서 '재일기독자동지회', '한국문제긴급회의', '기독자민주동지회' 등의 해외 민주화운동 조직을 건설하여 국제 여론을 환기하고, 국내 민주화운동을 지원한 일입니다. 무엇보다도 1973년에서 1988년에 이르기까지 「세카이」(世界)지에 연재한 "TK생의 편지 ― 한국으로부터의 통신"이라는 칼럼은 국내의 탄압과 민주화운동의 실상을 세계에 알리는 역할을 했습니다. 국내 운동권 활동가들도 "TK생의 편지"를 보고 정세를 대국적으로 파악할 수 있었습니다. 이 과정에서 기독교 에큐메니칼 운동의 연결망을 활용해 여러 외국인 지원자들이 국내 자료를 도쿄로 운반해 왔습니다. 이 자료를 정리한 결과가 "TK생의 편지"입니다. 도쿄에서 정리되고 영역된 자료는 세계 각지의 해외 민주화운동 거점으로 전파되었습니다. 해외 민주화운동이 불러일으킨 국제 여론은 미국을 비롯한 서방측 국가들이 한국의 군사정권에 대해 지원하는 행동을 자제하도록 견제하는 압력이 되었습니다. 김대중, 노무현 정부의 출범과 함께 제도적 민주화가 궤도에 올랐으므로 "기독자민주동지회"는 일본 NCC의 자료센터에 축적된 민주화운동 자료를 2004년에 국사편찬위원회에 기증하였습니다. 고인의 헌신 덕분에 국내에서는 사실상 불가능했던 귀중한 사료의 수집과 보존이 가능했습니다.

고인은 도쿄에서 민주화운동에 헌신하면서도 사실상 해외판 사상계이며 고급 정론지인 「역사비판」을 1986년에 창간하였습니다. 이 잡지는 해외 동포 사회의 지적인 교류를 활성화하고 민족 공동체를 통합하는 매체라는 위상을 가졌습니다. 귀국 이후 고인은 한일문화교류회의 위원장을 맡아 양국 간의 상호 이해 증진에 기여하였으며, 한림대 석좌교수로 본업에 복귀하여 일본연구소를 창설하고, 불모지대인 일본 연구를 개척하는 학술적으로도 선구적인 업적을 남겼습니다. 또한 KBS 이사장이라는 중책을 맡아 공영방송의 정상화에도 기여하였습니다.

분주한 생활 속에서도 고인은 유학생 후배들에게 항상 시간을 아낌없이 내주었습니다. 일본 문화와 해외 동포 사회에 대한 고인의 가르침은 후학들이 학문적 진로를 제대로 찾아가게 하는 나침반이 되었습니다. 물론 고인은 일본 사회에 한국의 역사와 문화를 소개하는 업적도 많이 남겼습니다. 고인은 민주 인사 이전에 참된 기독교 지식인이었다는 기억을 소개하며 추모의 말씀을 마치겠습니다. 이제 고인은 바쁜 세상일 내려놓고 안식해도 괜찮은 시간을 맞이하셨습니다. 주님의 품 안에서 영면하시기를 기원합니다.

2022. 1. 3.

지 명 관 선 생 연 보

1924. 10. 11.   평안북도 정주에서 출생

1937. 3.   정주보통학교 졸업

1942. 3.   평양 제2중학교 졸업

1945. 3.   신의주사범학교 강습과 수료

1945. 4.   모교 정주보통학교(교명 변경, 정주 아시히국민학교) 교사 취임

1947. 6.   월남 이후, 충청북도 충주사범학교 부속국민학교 교사 취임

1948. 9.   서울대학교 종교학과 입학

1951. 6. 15.   육군 통역 장교로 임관

1954. 9.   서울대학교 종교학과 졸업

1954. 11.   강정숙과 결혼

1955. 4.   육군에서 제대

1956. 4.   서울대학교 대학원 종교학과 석사과정 입학, 종교철학 전공, 덕성여
            자고등학교 교사 취임

1958. 3.   서울대학교 대학원 종교학과 석사과정 수료 후 동 박사과정 진학

1960.9.   덕성여자대학교 교수 취임, 철학 강의

1960. 4.   덕성여자중고등학교 교감 취임

1960. 9.   덕성여자대학교 교수 취임, 철학 강의

1961. 12.   덕성여자중고등학교 교장 취임

1962. 3.   서울대학교 대학원 종교학과 박사과정 수료

1964. 7.   「조선일보」에 게재한 칼럼이 문제되어 덕성여자대학교, 덕성여자중
            고등학교, 서울대학교 강사 사직

1964. 8.   월간 「사상계」 주간 취임, 한일조약 반대 활동, 일본의 아키야마 노리
            에(신교출판사) , 다카도 카나메(극작가) 등 서울에서 만남

1965. 12.   일본 월간지 「자유」사 초청으로 첫 도일, 교토 등지 여행, 여행기 중

일부를 일본어로 번역, 「자유」에 연재, 모리오카 이와오 신교출판사 편집장의 소개로 기독교학자 오가와 케이지 만남

1966. 2.	「사상계」 주간 사직
1966. 3.	덕성여자대학교 교수로 다시 철학 강의
1966. 10.	『흐름에 저항하여』(일본어, 도쿄 신교출판사) 간행
1967. 9.	미국 뉴욕 유니언신학교 유학
1968. 9.	미국을 떠나 유럽 여행
1968. 10.	귀국 길에 일본에 들려 자료 수집을 위해 도쿄신학대학 기숙사에 체류, 이와나미서점의 야스에 요스케 만남
1970. 6.	『아시아종교와 복음윤리』(신교출판사) 간행
1970. 9.	덕성여자고등학교 교장 취임
1972. 2.	덕성여자고등학교 교장 사임
1972. 5.	도일을 결심
1972. 10.	일본 체재 비자 취득, 그 직후 한국의 '10월 유신', 덕성여자대학교 휴직, 신교출판사 모이오카 이와오, 경제학자 스미야 미키오 등의 노력으로 도쿄대학 대학원 정치학과 유학, 10월 30일 서울 출발(이후 20여 년 일본 체재), 이와나미서점 야스에 요스케(당시 「세계」 편집장, 1935~1998)와 재회, 비밀 필명 'TK생'으로 "한국으로부터의 통신" 연재 시작(2003년 스스로 밝히기 전까지, 전혀 알려지지 않음)
1973. 2.	"1973년 한국그리스도인 선언" 기초
1973. 5.	일본 농촌전도신학교 교수 취임(~1974. 3.)
1973. 5.	"1973년 한국그리스도인 선언" 발표, 직후 한국의 기독교민주화운동 활발하게 전개됨
1974. 4.	도쿄대학 이시다 다케시 선생 밑에서 일본 정치사상 사사, 릿쿄대학 비상근 강사로 <동아시아의 문화와 사상> 강의(~1984. 3.), 『한국문화사』 집필
1974. 5.	세계교회협의회(WCC)의 재정적 후원에 힘입어 도쿄여자대학 객원 교수 취임, 철학, 기독교 과목 강의(~1986. 3.)

1974. 8.	『한국으로부터의 통신 1972. 11.~1974. 6.』(T·K生, 「세계」 편집부 편, 이와나미서점) 간행
1975. 6.	『한국현대사와 교회사』(신교출판사) 간행, 해외 주재 한국인을 위한 잡지 「역사비판」 발간, 이후 네트워크 확대를 위해 매년 도미
1975.	T·K生, 『누가 이 죄를』(외국출판사) 간행
1975. 7.	『한국으로부터의 통신 속편 1974. 7.~1975. 6.』(T·K生, 「세계」 편집부 편, 이와나미서점) 간행
1976.	*Letters from South Korea* (by, T·K), (IDOIC/ North America), *Letters from South Korea* (by, T·K), (Iwanami Shoten) 간행
1977. 10.	『한국으로부터의 통신 제3, 1975. 7.~1977. 8.』(T·K生, 「세계」 편집부 편, 이와나미서점) 간행
1979. 4.	『한국문화사』(고려서림) 간행
1979. 12.	국제기독교대학(ICU) 비상근 강사로 <조선사> 강의(~1986. 6.)
1980. 9.	『군정과 수난: 제4 한국으로부터의 통신』(T·K生, 「세계」 편집부 편, 이와나미서점) 간행
1981. 1.	도쿄여자대학 비교문화연구소 객원교수 취임(~1986.)
1982. 4.	도쿄여자대학 교양학부 겸임 강사로 <조선근대사상> 강의(~1986. 6.), 『현대사를 사는 교회』(신교출판사) 간행
1984. 5.	도쿄여자대학 비교문화연구소와 하버드대학 옌칭인스티튜트 간의 공동 프로젝트로 오가와 케이지와 함께 『한일 그리스도교 관계사 자료』(신교출판사) 간행
1985. 10.	『파국의 시대를 살아가는 신앙』(신교출판사) 간행
1986. 4.	도쿄여자대학 단기 대학부 교수 취임, <철학과 현대사상> 강의
1987. 8.	도쿄여자대학 현대문화학부 설치와 함께 교수 취임. 특히 지역문화학과 아시아코스 담당. <아시아근대화론>, <조선근현대사>, <국제관계론>, <조선문화연구>, <조선어> 등 강의
1988. 12.	『저고리와 갑옷』(다로지로사) 간행
1989. 1.	『현대를 사는 사상』(신교출판사) 간행, 농촌전도신학교에서 <기독

교윤리> 등 강의(-1992)

1990.	도쿄여자대학 비교문화연구소, "일본 중국 한국 역사교과서의 비교 문화적 연구" 프로젝트 시작, 게이센여학원대학에서 <조선사> 강의
1990. 2.	"아시아의 역사로부터 뒤처진 일본"(혼노기)에 게재
1990. 7.	『조선반도의 위치와 역할』(츠쿠마서방) 간행
1991. 7.	도쿄고등재판소에서 교과서 관련 재판 제3차 심리에서 "한국으로부터 보는 교과서 검정의 문제점"에 대해 증언
1992. 6.	한국 대통령 선거를 앞 둔 한국 정치에 대한 심포지엄(한국 크리스챤 아카데미)에 참석하기 위해 20년 만에 한국에 일시 귀국
1992. 8.	한국「동아일보」에 "일본통신" 전 30회 연재 시작
1993. 2.	『한국으로부터 본 일본』(신교출판사) 간행
1993. 3.	도쿄여자대학 정년 퇴직, 귀국 전 모리오카 이와오(신교출판사 사장) 과의 대담, "하나님 승리의 역사를 향하여- 일본생활 20년을 회고하 며"(「복음과 세계」 1993년 5월호)게재
1993. 4. 21.	한국 서울로 귀국
1993. 6.	한국 KBS의 취재 여행을 위해, 교토, 도쿄, 가나자와, 야마가타, 오사 카 등 여행
1993. 8.	여행 여정 KBS에서 방영
1994. 3.	한국 춘천 한림대학교 한림과학원 교수 겸 일본학연구소 설립, 소장 취임, 고려대학교 국제대학원 <일본의 사회와 문화> 강의
1994. 8.	『인간적 유산이란 무엇인가』(이와나미서점) 간행
1995. 2~4.	심포지엄 "해방40년과 패전 50년 화해와 미래를 위해, 서울회의"(한 국 크리스천아카데미, 일본 이와나미서점 공동 주최)에서 "한일 관계 50년 어떻게 볼 것인가?" 발표
1995. 4. 7~8.	심포지엄 "해방40년과 패전 50년 화해와 미래를 위해, 도쿄회의" (한 국 크리스천아카데미, 일본 이와나미서점 공동 주최) 개최
1995. 10.	『한국 민주화의 길』(이와나미서점) 간행
1995. 11. 3~4.	일본학연구소 개소기념 제1회 국제심포지엄 "동아시아의 평화와 한

일 협력체제"(동아일보사 주최)에서 한국 일본 미국 학자들의 발표 초청, 주요 논문을 「한림일본학연구」(제1집)에 게재, 일본의 「세계」에도 게재

1996. 4. 1.   일본 성학원대학 총합연구소 한일현대사연구센터 객원교수 취임 (~2012. 3. 31)

1997. 7.   『국가를 넘어선 역사학을 향하여』(야마가와출판사) 간행

1998. 1. 6.   일본 NHK 신년 프로그램을 위해 일본 체류 중 우인 야스에 요스케의 부음에 접함

1998. 1. 30.   『이야기 조선역사: 현재와 과거의 대화』(아카시서점) 간행

1998. 5. 29~30. 일본학연구소 제2회 심포지엄 "동북아시아에 있어서 시장경제의 전통" 개최

2000.   국제교류기금상 수상

2001. 8.   한일문화교류회의 위원장으로서 일본의 역사 교과서 문제에 대한 성명 발표, 한국 KBS 이사장 취임

2003. 8.   「세계」 9월호에 "국제공동 프로젝트로서 '한국으로부터의 통신'"(인터뷰) 발표, 동시에 한국에서도 TK생에 대한 기자회견

2004. 2.   한림대학교 한림과학원 일본학연구소 소장 퇴직

2004.   국제 일본문화연구센터 외국인 연구원으로 도일, 교토 체류

2004. 3.   "보고: 동아시아 안전보장과 한국, 오키나와는 어떻게 접근할까"(오키나와국제대학 홍보위원회 편, 편집공방 동양기획) 게재

2004. 3.   『한국과 한국인 ― 한 철학자의 역사문화 노트로부터』(아도니스서방) 간행

2004. 5.   『민중과 하나님과 신들과: 이슬람, 미국, 일본을 읽다』(칸사이학원대학 그리스도교문화연구센터 편, 칸사이학원대학 출판회) 간행

2004. 7.   『TK生의 시대와 지금 ― 동아시아 평화와 공존의 길』(일엽사) 간행

2005. 8.   『경계선을 넘는 여행: 지명관 자전』(이와나미서점) 간행

2006. 3.   『이 나라에 사상, 양심, 신교의 자유가 있는가』(도미사카그리스도교센터·사상 양심 신교의 자유 연구회 편, 일본 생명의 말씀사) 간행

2007. 4.	일본의 훈장 욱일중광상 수상
2010. 1.	『한국근현대사: 1905년부터 현대까지』(아카시서점) 간행
2011. 2.	『한국문화사』(아카시서점) 간행
2011. 12.	『서정과 애국: 한국으로부터 본 근대일본의 시가-1945년 전후까지』 (아카시서점) 간행
2012. 5. 4.	도쿄 시나노마치교회에서 "동아시아사와 한일 관계" 강연회
2015. 4. 17.	도쿄 도미사카그리스도교센터에서 "동북아시아의 상황에 대해 말하 다" 강연회
2015. 6. 20.	도쿄 메이지가쿠인대학 시로가네 캠퍼스에서 동 대학 그리스도교연 구소 주최로 "한국의 민주화운동과 한일 그리스도교: TK생의 기억" 강연회
2015. 7. 18.	도쿄여자대학 동창회관에서 강연회
2015. 8. 1.	교토 도시샤대학 이마데가와 캠퍼스에서 도시샤대학 코리아연구센 터와 리츠메이칸대학 코리아연구센터 공동 주회로 "해방/ 패전 전후 70년의 한반도와 일본: 전후 한일연대와 나" 강연회
2015. 8. 8.	도미사카그리스도교센터에서 강연회
2016. 9. 21.	도쿄 와세다봉사원에서 '조선문화강좌'로 "한국의 미래와 그 역할" 강연회
2016. 10. 21.	도미사카그리스도교센터에서 "유럽 공동체 이후 북동아시아 상황" 강연회
2016. 12. 7.	도쿄여자대학에서 특별 강의
2017. 1. 9.	도미사카그리스도교센터에서 "한일 동아시아 평화포럼: 한국의 정 치변동과 한일 관계 ─ 동북아시아는 어떻게 될 것인가" 강연회
2017. 3. 20.	도미사카그리스도교센터에서 "세계사와 기독교에 대해 생각한다" 강연회
2017. 4.	『한국사로부터 본 일본사』(간요출판) 간행
2017. 9.	『'한국으로부터의 통신'의 시대』(영서방) 간행
2022. 1. 1.	만 97세를 일기로 경기도 남양주에서 서거